BRIAN GAGG

WORTSUCHRÄTSEL
3 in 1 SAMMELBAND

VOLLEYBALL,
BOWLING und
SCHWIMMSPORT

 Bibliografische Information der Deutschen Nationalbibliothek:
Die Deutsche Nationalbibliothek verzeichnet diese Publikation in der Deutschen
Nationalbibliografie; detaillierte bibliografische
Daten sind im Internet über http://dnb.dnb.de abrufbar.

© 2021 Brian Gagg; 1. Auflage

Herstellung und Verlag: BoD – Books on Demand, Norderstedt
ISBN: 9783755700845

Inhaltsangabe   Seite

Einleitung

Auf den folgenden Seiten finden sich thematisch sortierte Wortsuchrätsel.

Um ein Wortsuchrätsel zu lösen, müssen alle jeweils aufgelisteten Worte in der darüber befindlichen Buchstabenmatrix gefunden werden. Ist ein Wort gefunden, sollte es mit einem Stift umkreist und das gefundene Wort aus der Liste gestrichen werden. Sind alle Worte aus der Liste gefunden, ist das Rätsel gelöst. Bei Schwierigkeiten ein Rätsel zu lösen, kann die Lösung jeweils auf der Rückseite nachgeschaut werden. Die zu findenden Worte sind jeweils als ganzes (d.h. immer nur in einer Richtung und ungebrochen) in der Matrix nach folgenden Regeln versteckt:

- Suchworte können sich überlagern, d.h. ein Buchstabenkästchen kann von mehreren Suchworten genutzt sein.

- Worte können vorwärts, rückwärts, horizontal, vertikal oder diagonal in der Matrix versteckt sein.

- Suchworte stehen für sich alleine und sind unter- oder nebeneinander aufgelistet.

```
I  Q  I  G  R  I  W  V  K  P  O  F  Q  I  O  P  I  S  W
T  Z  N  U  Z  H  C  B  C  R  N  W  R  X  U  X  J  B  W
N  E  Y  U  W  O  I  W  L  W  A  P  X  N  N  F  J  Z  N
G  P  U  Z  I  F  O  L  H  X  Q  J  A  L  M  S  Z  E  G
M  B  A  K  P  Q  A  N  Z  X  C  X  W  S  Y  A  F  G  U
N  R  G  G  E  B  N  T  L  S  V  W  D  C  F  S  T  M  E
C  E  K  B  B  D  U  I  D  G  U  N  N  F  U  D  H  C  V
E  L  M  C  D  D  G  I  Y  V  F  W  W  Y  E  N  V  M  T
Z  H  H  U  V  Y  P  Z  E  H  G  N  O  F  U  A  R  H  T
M  E  V  M  D  H  E  W  D  M  H  A  R  B  C  T  Q  D  P
S  F  R  B  K  T  I  N  X  B  W  O  B  U  S  S  N  E  E
X  R  M  D  J  Z  N  F  X  I  V  E  W  W  M  L  O  H  F
H  E  L  E  K  R  X  T  O  K  O  A  D  Y  X  E  R  L  T
A  G  A  T  E  Q  U  M  O  T  K  D  Q  X  S  I  U  J  C
R  N  S  G  R  G  Y  S  T  F  K  R  T  B  S  P  P  O  D
Y  E  G  T  N  S  Y  L  I  O  T  Q  B  N  Y  S  P  Y  J
U  A  H  E  Q  U  D  J  W  R  J  H  K  Z  I  B  J  B  H
B  F  L  F  Z  Q  G  U  S  Q  Y  Q  U  W  D  W  U  E  R
M  N  F  M  S  R  E  T  B  U  N  K  A  P  I  T  A  E  N
S  A  S  W  X  V  F  A  N  S  A  Y  S  T  W  P  R  V  M
W  I  I  A  I  D  Q  V  I  Q  C  L  W  D  K  J  C  E  B
M  M  E  Y  T  S  C  L  Y  U  A  D  P  H  G  N  O  U  F
A  Y  P  G  D  Q  J  U  X  B  S  X  S  P  F  R  U  C  A
G  G  J  B  D  R  Y  M  B  W  S  J  J  U  A  V  U  P  U
```

1

PUNKT

ANFAENGERFEHLER

SPIELSTAND

ASS

KAPITAEN

SIEG

BALL

BAGGERN

FANS

APPLAUS

Lösung

```
I  Q  I  G  R  I  W  V  K  P  O  F  Q  I  O  P  I  S  W
T  Z  N  U  Z  H  C  B  C  R  N  W  R  X  U  X  J  B  W
N  E  Y  U  W  O  I  W  L  W  A  P  X  N  N  F  J  Z  N
G  P  U  Z  I  F  O  L  H  X  Q  J  A  L  M  S  Z  E  G
M  B  A  K  P  Q  A  N  Z  X  C  X  W  S  Y  A  F  G  U
N  R  G  G  E  B  N  T  L  S  V  W  D  C  F  S  T  M  E
C  E  K  B  B  D  U  I  D  G  U  N  N  F  U  D  H  C  V
E  L  M  C  D  D  G  I  Y  V  F  W  Y  Y  E  N  V  M  T
Z  H  H  U  V  Y  P  Z  E  H  G  N  O  F  U  A  R  H  T
M  E  E  V  M  D  H  E  W  D  M  H  A  R  B  T  Q  D  P
S  F  R  B  K  T  I  N  X  B  W  O  B  U  S  S  N  E  E
X  R  M  D  J  Z  N  F  X  I  V  E  W  W  M  L  O  H  F
H  E  L  E  K  R  X  T  O  K  O  A  D  Y  X  E  R  L  T
A  G  A  T  E  Q  U  M  O  T  K  D  Q  X  S  I  U  J  C
R  N  S  G  R  G  Y  S  T  F  K  R  T  B  S  P  P  O  D
Y  E  G  T  N  S  Y  L  I  O  T  Q  B  N  Y  S  P  Y  J
U  A  H  E  Q  U  D  J  W  R  J  H  K  Z  I  B  J  B  H
B  F  L  F  Z  Q  G  U  S  Q  Y  Q  U  W  D  W  U  E  R
M  N  F  M  S  R  E  T  B  U  N  K  A  P  I  T  A  E  N
S  A  S  W  X  V  F  A  N  S  A  Y  S  T  W  P  R  V  M
W  I  I  A  I  D  Q  V  I  Q  C  L  W  D  K  J  C  E  B
M  M  E  Y  T  S  C  L  Y  U  A  D  P  H  G  N  O  U  F
A  Y  P  G  D  D  Q  J  U  X  B  S  X  S  P  F  R  U  C  A
G  G  J  B  D  R  Y  M  B  W  S  J  J  U  A  V  U  P  U
```

R K T T T I L U Z Y J D O O P H S P T
G R M O H S C E R K M C D A O X P C Q
Y J F G H G U X F L I P B I K G N L C
O D G E L T U L K H L F T N G V R C W
M Z C M I E Z B R I Z N C L C T E H C
R E V E O J V H Z E C V L E M C D E S
F G I W A N T X W Y V O L G R R N I K
D Z S R T J T R Y X Y L M E N E E N T
L G F L K L I U K E M L L R Z T A I Z
U U J F W S B S R U Y E J A W H H L K
N I J X Z G Z F K E R Y Z X B C S S Z
G H B G C V K R F B M B F C Y I T F Q
U J X T R U P S E E T A P F Z R H F G
G O T F Y Y O A T R C L U Q R N C I M
B W X X D H O S G G R L U C O E E R D
Q X C T N C Y A V R H F E L Q I R G P
I W N G H S L M A E P E S Q U N N N X
V V A E L H F O N I E L F Z G I E A X
T E D E C T R A I F D D D O M L N H H
J Z I S S R B E P E H E C W T H C F
T P F Z K Y X Q K N H I H O R L E Z J
S U I V Z B U M R W A M E C Y X D X R
A N X U D J C I Q W F D P Y J A J Y W
M B H Y A A Z Z P N M L X K O J A E A

VOLLEYBALLFELD

LINIENRICHTER

ANGRIFFSLINIE

RECHTSHAENDER

SPIELSYSTEM

REGELN

UEBERGREIFEN

DEHNEN

BALLVERLUST

AUFSCHLAG

Lösung

```
R K T T T I L U Z Y J D O O P H S P T
G R M O H S C E R K M C D A O X P C Q
Y J F G H G U X F L I P B I K G N L C
O D G E L T U L K H L F T N G V R C W
M Z C M I E Z B R I Z N C L C T E H C
R E V E O J V H Z E C V L E M C D E S
F G I W A N T X W Y V O L G R R N I K
D Z S R T J T R Y X Y L M E N E E N T
L G F L K L I U K E M L L R Z T A I Z
U U J F W S B S R U Y E J A W H H L K
N I J X Z G Z F K E R Y Z X B C S S Z
G H B G C V K R F B M B F C Y I T F Q
U J X T R U P S E E T A P F Z R H F G
G O T F Y Y O A T R C L U Q R N C I M
B W X X D H O S G G R L U C O E E R D
Q X C T N C Y A V R H F E L Q I R G P
I W N G H S L M A E P E S Q U N N N X
V V A E L H F O N I E L F Z G I E A X
T E D E C T R A I F D D O M L N N H H
J Z I S S R B E P E H H E C W T H C F
T P F Z K Y X Q K N H I H O R L E Z J
S U I V Z B U M R W A M E C Y X D X R
A N X U D J C I Q W F D P Y J A J Y W
M B H Y A A Z Z P N M L X K O J A E A
```

F	X	W	L	P	M	Q	P	E	R	A	X	S	H	X	Q	Y	L	R
C	P	H	S	B	P	C	U	H	N	G	K	R	R	H	R	E	J	T
A	G	T	E	C	H	N	I	K	N	E	A	F	G	H	I	L	S	V
L	J	L	P	L	H	V	L	O	Z	N	J	F	W	P	L	L	C	H
T	T	X	S	V	A	X	W	X	W	D	K	D	S	O	M	T	T	E
U	Z	C	P	W	R	E	W	D	B	L	U	K	T	Q	V	I	I	S
A	N	T	I	Z	I	P	A	T	I	O	N	E	U	E	T	C	E	I
M	D	G	S	P	M	E	N	O	W	I	V	H	K	P	G	G	Z	R
E	H	L	Z	C	L	J	S	R	U	E	E	H	O	A	T	U	L	O
X	B	Z	O	O	H	H	Y	B	G	Y	L	R	E	Q	S	N	E	J
N	V	I	E	U	M	R	D	B	C	C	L	P	H	A	I	A	I	G
E	Q	X	Z	U	R	L	E	G	A	N	I	A	Y	F	L	N	P	M
N	G	L	L	O	O	P	X	I	Z	D	M	E	O	V	A	N	S	Y
O	E	N	P	L	O	M	I	P	B	W	H	K	X	N	S	A	P	T
B	C	B	U	I	A	L	O	C	W	E	K	S	C	V	R	H	D	I
O	I	S	F	G	L	B	W	S	T	O	R	P	G	W	E	M	P	X
Q	L	O	U	C	I	U	E	Y	Z	T	I	I	P	F	V	E	I	A
K	H	H	T	S	L	D	S	K	U	J	R	E	M	Z	I	R	Z	X
V	G	B	E	P	W	R	I	E	N	V	W	L	Y	U	N	I	C	K
I	N	H	U	M	R	Y	W	E	I	A	O	B	X	P	U	E	G	F
T	Z	M	N	L	T	H	S	D	T	E	D	A	S	T	C	G	E	R
K	D	Y	S	F	A	T	E	X	D	R	Q	L	K	E	V	E	O	A
Q	Y	B	S	Z	C	C	P	D	U	L	E	L	W	V	Y	L	J	M
P	C	U	Q	U	M	E	K	Y	M	S	L	V	F	L	Z	L	U	D

TECHNIK   ANTIZIPATION

SPIELZEIT   UNIVERSALIST

VERTEIDIGUNG   SCHREIBER

ANNAHMERIEGEL   SPIEL

DANKEBALL   SPIELBALL

Lösung

F X W L P M Q P E R A X S H X Q Y L R
C P H S B P C U H N G K R R H R E J T
A G T E C H N I K N E A F G H I L S V
L J L P L H V L O Z N J F W P L L C H
T T X S V A X W X W D K D S O M T T E
U Z C P W R E W D B L U K T Q V I I S
A N T I Z I P A T I O N E U E T C E I
M D G S P M E N O W I V H K P G G Z R
E H L Z C L J S R U E E H O A T U L O
X B Z O H H Y B G Y L R E Q S N E J
N V I E U M R D B C C L P H A I A I G
E Q X Z U R L E G A N I A Y F L N P M
N G L L O O P X I Z D M E O V A N S Y
O E N P L O M I P B W H K X N S A P T
B C B U I A L O C W E K S C V R H D I
O I S F G L B W S T O R P G W E I P X
Q L O U C I U E Y Z T I I P F V E I A
K H H T S L D S K U J R E M Z I R Z X
V G B E P W R I E N V W L Y U N I C K
I N H U M R Y W E I A O B X P U E G F
T Z M N L T H S D T E D A S T C G E R
K D Y S F A T E X D R Q L K E V E O A
Q Y B S Z C C P D U L E L W V Y L J M
P C U Q U M E K Y M S L V F L Z L U D

K	L	J	N	U	T	T	N	U	R	E	G	F	E	G	P	E	L	S
H	C	L	Y	Q	R	D	K	I	H	K	N	F	J	V	S	Y	P	T
D	Y	O	T	D	F	D	V	C	B	Q	E	Z	L	S	G	I	K	W
U	S	N	L	J	A	Q	W	J	Z	H	M	U	A	H	E	R	A	G
N	G	T	I	B	J	B	P	S	L	U	S	L	W	L	Q	D	Q	X
E	O	Y	G	P	R	T	C	E	R	V	K	D	F	R	U	T	K	C
K	S	X	X	S	B	E	R	R	E	T	L	E	H	R	P	O	A	G
Q	V	I	J	P	P	W	I	G	L	E	L	B	R	P	D	U	M	T
F	R	N	E	Q	U	Q	Y	E	O	D	F	N	E	L	S	M	U	F
V	N	S	E	W	D	C	W	U	R	M	T	S	F	I	A	B	S	Z
I	D	V	E	G	L	A	Q	V	Z	D	Z	L	I	D	X	K	H	W
G	R	S	F	L	A	H	C	Z	R	E	Q	M	E	N	S	O	Q	Z
Q	D	V	F	F	C	W	E	L	J	A	J	C	R	B	L	V	E	T
W	S	Q	P	F	F	G	L	A	Y	I	Z	J	G	I	R	F	R	A
B	U	U	N	I	Z	C	E	L	Z	F	Z	A	N	H	L	K	C	S
Y	P	D	R	R	W	Y	I	W	A	G	H	H	A	K	V	I	G	V
N	Q	A	E	G	E	H	K	M	I	B	D	U	L	D	G	M	A	U
Y	Z	L	U	N	Z	A	L	N	K	N	N	W	L	C	V	Y	M	N
R	R	G	I	A	N	M	V	S	N	A	N	D	E	I	H	R	I	V
V	I	Q	B	F	V	C	S	Q	S	F	C	I	N	Y	M	V	A	F
G	D	C	J	P	H	A	L	B	N	O	F	K	H	U	L	W	U	D
C	M	U	P	O	E	I	D	J	R	Y	U	N	C	A	I	Q	B	K
T	K	E	R	K	B	Z	X	X	S	R	C	E	S	B	F	Q	M	E
P	C	J	Y	C	O	D	I	Q	T	P	X	K	J	Z	A	N	B	V

GEWINN

SPIELFELD

BALLWAGEN

KOPFANGRIFF

SATZ

SCHNELLANGREIFER

WELTKLASSE

DREIERBLOCK

ZAEHLWEISE

FEHLER

Lösung

K L J N U T T N U R E G F E G P E L S
H C L Y Q R D K I H K N F J V S Y P T
D Y O T D F D V C B Q E Z L S G I K W
U S N L J A Q W J Z H M U A H E R A G
N G T I B J B P S L U S L W L Q D Q X
E O Y G P R T C E R V K D F R U T K C
K S X X S B E R R E T L E H R P O A G
Q V I J P P W I G L E L B R P D U M T
F R N E Q U Q Y E O D F N E L S M U F
V N S E W D C W U R M T S F I A B S Z
I D V E G L A Q V Z D Z L I D X K H W
G R S F L A H C Z R E Q M E N S O Q Z
Q D V F F C W E L J A J C R B L V E T
W S Q P F F G L A Y I Z J G I R F R A
B U U N I Z C E L Z F Z A N H L K C S
Y P D R R W Y I W A G H H A K V I G V
N Q A E G E H K M I B D U L D G M A U
Y Z L U N Z A L N K N N W L C V Y M N
R R G I A N M V S N A N D E I H R I V
V I Q B F V C S Q S F C I N Y M V A F
G D C J P H A L B N O F K H U L W U D
C M U P O E I D J R Y U N C A I Q B K
T K E R K B Z X X S R C E S B F Q M E
P C J Y C O D I Q T P X K J Z A N B V

G	E	P	G	E	F	F	X	N	I	Y	E	M	L	P	I	K	D	A
K	H	H	V	M	Q	Z	T	X	D	O	W	L	L	O	K	N	M	V
G	L	Q	D	G	X	A	U	F	G	A	B	E	V	B	I	J	R	W
M	N	Y	C	J	Q	M	B	Z	Y	F	J	I	U	A	L	F	T	W
R	I	U	T	U	N	J	G	A	H	W	R	K	G	M	W	E	Z	Q
H	X	T	R	D	K	V	O	A	M	Q	V	N	K	H	B	H	F	K
V	G	R	T	H	E	D	E	Y	W	T	Y	T	C	X	F	U	S	A
A	M	S	T	E	E	A	N	W	C	E	R	R	O	M	E	H	K	Z
W	U	I	I	A	L	A	W	K	B	L	R	O	L	N	L	C	M	S
L	R	C	A	B	I	B	N	R	V	V	A	S	B	O	D	S	Y	R
S	N	H	S	T	E	E	L	R	T	L	N	G	L	I	V	T	Q	V
G	W	T	R	S	Z	P	Z	O	E	Y	U	N	E	T	E	R	E	B
O	H	B	Q	C	L	B	L	I	C	G	X	U	P	I	R	O	O	C
O	S	L	J	W	R	V	V	M	C	K	Y	G	P	S	T	P	B	W
V	C	O	C	K	X	S	J	M	E	K	E	A	O	O	E	S	U	F
O	M	C	L	E	L	W	Q	D	G	Q	O	R	D	P	I	D	P	L
N	C	K	N	Q	J	Q	S	U	X	F	Z	T	K	S	D	G	Q	O
N	O	A	O	G	X	O	Y	I	O	I	E	S	P	G	I	E	H	V
E	Y	D	R	C	C	Z	R	Q	Y	H	K	U	J	N	G	T	Z	O
H	E	P	F	G	D	F	Q	O	Y	B	V	A	Q	A	U	W	H	D
S	X	K	C	O	A	C	H	E	N	D	O	Q	I	G	N	N	A	C
D	X	I	F	C	V	O	S	K	K	G	C	Z	H	S	G	I	W	I
Q	N	P	H	K	Y	H	V	B	R	S	L	P	P	U	N	A	T	K
E	P	T	L	D	K	E	G	H	N	U	O	H	S	A	C	M	T	Z

5

COACHEN

MITTELBLOCKER

FELDVERTEIDIGUNG

DOPPELBLOCK

AUSTRAGUNGSORT

AUSGANGSPOSITION

SPORTSCHUHE

ERNAEHRUNG

AUFGABE

SICHTBLOCK

Lösung

```
G E P G E F F X N I Y E M L P I K D A
K H H V M Q Z T X D O W L L O K N M V
G L Q D G X A U F G A B E V B I J R W
M N Y C J Q M B Z Y F J I U A L F T W
R I U T U N J G A H W R K G M W E Z Q
H X T R D K V O A M Q V N K H B H F K
V G R T H E D E Y W T Y T C X F U S A
A M S T E E A N W C E R R O M E H K Z
W U I I A L A W K B L R O L N L C M S
L R C A B I B N R V V A S B O D S Y R
S N H S T E E L R T L N G L I V T Q V
G W T R S Z P Z O E Y U N E T E R E B
O H B Q C L B L I C G X U P I R O O C
O S L J W R V V M C K Y G P S T P B W
V C O C K X S J M E K E A O O E S U F
O M C L E L W Q D G Q O R D P I D P L
N C K N Q J Q S U X F Z T K S D G Q O
N O A O G X O Y I O I E S P G I E H V
E Y D R C C Z R Q Y H K U J N G T Z O
H E P F G D F Q O Y B V A Q A U W H D
S X K C O A C H E N D O Q I G N N A C
D X I F C V O S K K G C Z H S G I W I
Q N P H K Y H V B R S L P P U N A T K
E P T L D K E G H N U O H S A C M T Z
```

I	S	W	T	Q	G	D	F	C	E	T	T	M	O	A	A	G	V	I
F	X	J	J	J	E	A	Q	J	E	P	J	X	A	M	H	X	E	P
D	M	Y	S	N	F	R	E	P	M	P	U	Q	J	M	L	R	I	P
R	S	X	U	W	R	O	A	E	P	R	O	R	Q	X	J	I	X	B
U	Y	W	W	U	V	A	V	S	O	C	E	Y	X	X	L	M	N	V
W	D	M	E	D	F	F	U	Q	P	G	H	R	M	J	C	W	T	Y
N	C	J	F	A	E	W	Z	F	I	O	R	H	F	W	G	Y	E	M
E	E	R	C	C	G	N	V	E	H	S	R	T	V	M	Y	Z	F	L
H	K	Y	C	E	I	H	T	N	S	O	X	T	H	K	F	Q	V	B
U	E	N	R	O	K	S	O	X	E	Y	L	N	H	P	W	W	U	R
B	F	E	N	V	F	T	O	F	W	G	Y	J	R	A	Y	G	C	H
S	B	C	L	U	Y	F	Q	S	J	C	N	P	A	T	L	C	O	K
U	R	Y	A	G	T	W	N	N	O	V	M	I	X	G	L	L	T	E
A	V	Y	J	Y	Z	D	R	B	D	U	E	C	R	L	D	B	E	S
V	C	X	Q	B	U	E	G	O	I	W	O	N	J	P	D	J	C	D
Z	I	V	R	Y	P	F	Y	N	J	H	W	I	F	H	S	Y	B	Z
E	J	F	F	R	M	P	S	Z	U	X	G	U	S	K	B	A	K	A
M	U	J	H	R	J	B	P	U	C	N	T	P	J	W	O	B	M	U
L	O	A	B	W	E	H	R	N	S	Y	R	A	U	Z	Y	S	W	I
V	R	P	U	H	C	N	E	A	P	K	A	A	N	T	C	T	W	V
X	E	Y	J	B	G	S	I	C	A	I	M	J	W	S	C	I	T	N
E	B	I	B	L	R	P	I	B	G	I	J	Y	L	R	L	E	B	R
R	I	Y	X	N	Q	A	C	C	J	Y	B	Z	H	Q	E	G	P	U
W	L	V	L	D	L	E	G	S	I	E	R	P	O	H	M	V	A	Q

AUFHOLJAGD

AUSBUHEN

PREISGELD

ABSTIEG

ABWEHR

SPRINGEN

VERWARNUNG

SPORTHALLE

AUFSTEIGER

LIBERO

Lösung

```
I  S  W  T  Q  G  D  F  C  E  T  T  M  O  A  A  G  V  I
F  X  J  J  J  E  A  Q  J  E  P  J  X  A  M  H  X  E  P
D  M  Y  S  N  F  R  E  P  M  P  U  Q  J  M  L  R  I  P
R  S  X  U  W  R  O  A  E  P  R  O  R  Q  X  J  I  X  B
U  Y  W  W  U  V  A  V  S  O  C  E  Y  X  X  L  M  N  V
W  D  M  E  D  F  F  U  Q  P  G  H  R  M  J  C  W  T  Y
N  C  J  F  A  E  W  Z  F  I  O  R  H  F  W  G  Y  E  M
E  E  R  C  C  G  N  V  E  H  S  R  T  V  M  Y  Z  F  L
H  K  Y  C  E  I  H  T  N  S  O  X  T  H  K  F  Q  V  B
U  E  N  R  O  K  S  O  X  E  Y  L  N  H  P  W  W  U  R
B  F  E  N  V  F  T  O  F  W  G  Y  J  R  A  Y  G  C  H
S  B  C  L  U  Y  F  Q  S  J  C  N  P  A  T  L  C  O  K
U  R  Y  A  G  T  W  N  N  O  V  M  I  X  G  L  L  T  E
A  V  Y  J  Y  Z  D  R  B  D  U  E  C  R  L  D  B  E  S
V  C  X  Q  B  U  E  G  O  I  W  O  N  J  P  D  J  C  D
Z  I  V  R  Y  F  Y  N  J  H  W  I  F  H  S  Y  B  Z
E  J  F  F  R  M  P  S  Z  U  X  G  U  S  K  B  A  K  A
M  U  J  H  R  J  B  P  U  C  N  T  P  J  W  O  B  M  U
L  O  A  B  W  E  H  R  N  S  Y  R  A  U  Z  Y  S  W  I
V  R  P  U  H  C  N  E  A  P  K  A  A  N  T  C  T  W  V
X  E  Y  J  B  G  S  I  C  A  I  M  J  W  S  C  I  T  N
E  B  I  B  L  R  P  I  B  G  I  J  Y  L  R  L  E  B  R
R  I  Y  X  N  Q  A  C  C  J  Y  B  Z  H  Q  E  G  P  U
W  L  V  L  D  L  E  G  S  I  E  R  P  O  H  M  V  A  Q
```

E	I	H	J	P	B	H	U	Q	K	Y	O	D	Y	D	N	G	U	E
D	O	T	Z	J	O	M	T	B	S	K	K	K	P	Y	I	U	F	V
J	G	I	Q	B	Z	X	Q	O	X	S	Z	T	J	C	E	Q	V	X
D	H	F	A	M	S	G	U	Q	L	Z	W	N	O	J	D	U	P	O
Q	Q	W	W	X	C	E	M	C	P	U	A	A	B	J	E	I	P	Q
A	P	B	H	Y	Y	G	Z	I	X	J	P	N	J	R	R	P	U	U
W	O	Y	H	G	J	E	P	V	L	F	P	Y	D	U	L	B	H	F
Q	X	C	E	G	U	N	Q	N	D	L	U	O	P	I	A	T	G	W
C	C	U	I	E	L	E	A	A	L	L	N	M	P	S	G	Y	E	A
W	L	I	M	J	S	R	V	F	L	O	H	G	K	Z	E	V	L	S
Q	A	N	I	P	J	A	I	Y	G	C	Q	U	X	A	G	R	B	N
S	M	F	T	Z	K	N	M	W	Q	O	K	C	E	R	R	L	E	B
K	E	E	T	C	T	A	W	I	A	J	G	U	R	L	M	T	Y	M
N	R	F	E	E	Z	L	Q	C	T	N	M	W	U	E	F	S	E	U
D	H	B	L	P	I	Y	S	Z	P	O	F	I	A	R	X	Q	B	Y
G	Z	R	L	B	T	S	E	L	N	M	I	D	S	K	X	R	N	J
J	N	L	I	F	W	E	R	S	D	D	V	R	L	H	R	U	S	L
N	F	Q	N	D	W	P	C	T	B	O	J	U	T	D	S	N	A	N
Q	N	C	I	A	U	F	S	T	I	E	G	A	I	V	G	W	H	N
I	R	U	E	V	T	R	Z	D	N	F	K	N	Y	P	M	F	M	M
E	E	A	H	P	O	R	T	V	B	P	G	N	I	N	I	A	R	T
H	Q	R	F	A	Y	H	F	M	U	Y	J	D	R	Z	Z	H	I	V
D	C	U	Q	E	K	G	N	U	R	H	E	U	F	Z	K	E	F	N
A	R	H	Y	Q	Z	C	S	T	S	I	L	A	I	Z	E	P	S	I

NIEDERLAGE

TRAINING

SPEZIALIST

AUFSTIEG

FUEHRUNG

TROPHAEE

GELBE KARTE

FINTE

MITTELLINIE

GEGENERANALYSE

Lösung

```
E I H J P B H U Q K Y O D Y D N G U E
D O T Z J O M T B S K K K P Y I U F V
J G I Q B Z X Q O X S Z T J C E Q V X
D H F A M S G U Q L Z W N O J D U P O
Q Q W W X C E M C P U A A B J E I P Q
A P B H Y Y G Z I X J Y N J R P U U
W O Y H G J E P V L F P Y D U L B H F
Q X C E G U N Q N D L U O P I A T G W
C C U I E L E A A L L N M P S G Y E A
W L I M J S R V F L O H G K Z E V L S
Q A N I P J A I Y G C Q U X A G R B N
S M F T Z K N M W Q O K C E R R L E B
K E E T C T A W I A J G U R L M T Y M
N R F E E Z L Q C T N M W U E F S E U
D H B L P I Y S Z P O F I A R X Q B Y
G Z R L B T S E L N M I D S K X R N J
J N L I F W E R S D D V R L H R U S L
N F Q N D W P C T B O J U T D S N A N
Q N C I A U F S T I E G A I V G W H N
I R U E V T R Z D N F K N Y P M F M M
E E A H P O R T V B P G N I N I A R T
H Q R F A Y H F M U Y J D R Z Z H I V
D C U Q E K G N U R H E U F Z K E F N
A R H Y Q Z C S T S I L A I Z E P S I
```

K A E I N X A I E D T D I V Y G W J O
W T X Y X W K R E L E I P S M A E T R
F E D S Q N E J V E T Y R N A K I M F
P L O P H R E O R E G O P D Q I R R Y
I L T I C G H L S Y Q Y L F L G E P Z
E H S E U X R V E T H E T J E L S W B
K U A L R U C B Q I O Y E F E L T G B
B Y T P B K U B B A P I K I E B E R U
X A I A B A C Q S N B S P A D S M F K
Q K E U A Y R U K G U S U J M W M Y K
H L B S X W J Q C R T X W Z D Q S W K
U D R E F E L D L I N I E B R A C E W
T K A I N Z B G M F O S A M F E H L B
Z K S L F W V Z R F U G P V O S R G X
M E S Q F E T Y U S N K B W F A I Q C
L H U T U I B C E S D U S M G X T X Y
Y M F N B V U H D C U M I N X J T A A
N C A G N R P M X H W B Z P Y I W N D
Y Y W O Z E F W S L Q L L R N M C J J
B C K B G T X T J A V M S F X O O R O
P K M S X N R E Z G P B B F S R X P N
U Q K U U I S L B M C Q G B U B Y N Q
K Z W A O I A A B B H M Z G J O L U B
I B B R X W F M Y Q L S J C D R R Q M

8

ANGRIFFSSCHLAG

STEMMSCHRITT

FUSSARBEIT

TEAMSPIELER

ZUSPIELEN

FELDLINIE

MITSPIELER

ABBRUCH

SPIELPAUSE

INTERVIEW

Lösung

```
K A E I N X A I E D T D I V Y G W J O
W T X Y X W K R E L E I P S M A E T R
F E D S Q N E J V E T Y R N A K I M F
P L O P H R E O R E G O P D Q I R R Y
I L T I C G H L S Y Q Y L F L G E P Z
E H S E U X R V E T H E T J E L S W B
K U A L R U C B Q I O Y E F E L T G B
B Y T P B K U B B A P I K I E B E R U
X A I A B A C Q S N B S P A D S M F K
Q K E U A Y R U K G U S U J M W M Y K
H L B S X W J Q C R T X W Z D Q S W K
U D R E F E L D L I N I E B R A C E W
T K A I N Z B G M F O S A M F E H L B
Z K S L F W V Z R F U G P V O S R G X
M E S Q F E T Y U S N K B W F A I Q C
L H U T U I B C E S D U S M G X T X Y
Y M F N B V U H D C U M I N X J T A A
N C A G N R P M X H W B Z P Y I W N D
Y Y W O Z E F W S L Q L L R N M C J J
B C K B G T X T J A V M S F X O O R O
P K M S X N R E Z G P B B F S R X P N
U Q K U U I S L B M C Q G B U B Y N Q
K Z W A O I A A B B H M Z G J O L U B
I B B R X W F M Y Q L S J C D R R Q M
```

L	H	B	E	L	G	Q	Z	W	Q	V	R	D	E	V	L	F	Z	T
X	F	U	W	G	Y	D	W	K	E	F	N	S	M	U	I	Y	I	U
I	S	S	L	G	K	S	Z	J	V	X	C	P	J	N	B	F	K	E
J	P	A	W	H	I	B	H	R	T	R	M	R	L	Y	A	C	E	G
Z	H	N	G	Y	K	L	V	M	S	Y	K	U	L	B	C	B	D	S
J	L	S	N	E	Z	G	D	H	X	R	S	N	X	V	O	S	W	Y
O	T	M	T	Y	J	R	B	L	Y	Y	E	G	X	E	A	S	H	O
W	X	R	E	Z	P	X	Q	G	P	V	H	A	Y	R	N	X	J	B
T	K	I	P	H	C	Y	V	E	K	A	S	U	E	L	E	B	Y	K
O	Y	R	F	U	A	L	N	A	G	D	X	F	U	E	H	E	Y	F
L	J	B	R	R	J	A	W	J	V	R	V	S	K	T	C	B	R	C
Y	S	U	W	C	I	C	G	P	T	F	M	C	P	Z	S	H	D	I
R	T	W	E	N	J	G	V	E	X	C	H	H	D	U	T	B	H	B
S	R	L	Y	L	W	O	N	S	H	B	N	L	J	N	I	T	Y	A
V	A	W	X	V	Y	I	F	U	I	O	W	A	R	G	R	E	A	L
T	T	G	B	P	W	J	G	W	L	V	B	G	O	M	P	A	G	L
M	E	L	X	Z	I	E	B	Y	T	L	X	E	L	M	H	M	Y	N
V	G	Q	B	T	Z	G	B	B	A	O	E	P	N	F	F	O	I	D
Z	I	P	D	K	G	D	B	E	L	A	S	T	U	N	G	Q	N	V
B	E	Z	K	E	C	P	P	Q	D	W	N	P	S	F	R	Q	J	L
P	N	C	L	F	J	A	P	U	B	L	N	X	P	F	U	M	U	M
G	N	U	R	E	H	C	I	S	K	C	O	L	B	G	U	M	D	T
F	K	B	M	M	T	O	K	V	D	U	A	W	I	P	M	A	G	V
Q	O	V	X	L	Q	A	F	X	T	C	M	B	U	F	V	Y	Y	B

ANLAUF
STRATEGIE
AUFSTELLUNG
VERLETZUNG
PRITSCHEN

TEAM
BELASTUNG
BLOCKSICHERUNG
BALL GEHOBEN
SPRUNGAUFSCHLAG

Lösung

```
L H B E L G Q Z W Q V R D E V L F Z T
X F U W G Y D W K E F N S M U I Y I U
I S S L G K S Z J V X C P J N B F K E
J P A W H I B H R T R M R L Y A C E G
Z H N G Y L V M S Y K U L B C B D S
J L S N E Z G D H X R S N X V O S W Y
O T M T Y J R B L Y Y E G X E A S H O
W X R E Z P X Q G P V H A Y R N X J B
T K I P H C Y V E K A S U E L E B Y K
O Y R F U A L N A G D X F U E H E Y F
L J B R R J A W J V R V S K T C B R C
Y S U W C I C G P T F M C P Z S H D I
R T W E N J G V E X C H H D U T B H B
S R L Y L W O N S H B N L J N I T Y A
V A W X V Y I F U I O W A R G R E A L
T T G B P W J G W L V B G O M P A G L
M E L X Z I E B Y T L X E L M H M Y N
V G Q B T Z G B B A O E P N F F O I D
Z I P D K G D B E L A S T U N G Q N V
B E Z K E C P P Q D W N P S F R Q J L
P N C L F J A P U B L N X P F U M U M
G N U R E H C I S K C O L B G U M D T
F K B M M T O K V D U A W I P M A G V
Q O V X L Q A F X T C M B U F V Y Y B
```

P V O O N E U C B N T A N V E J H S T
K Y W Q L O O G G V N N L G B B A D C
I K J H S F P O T B D G D A L O D V A
H J D P S G T U Q P I R X N Z J W K S
T N T J E B E W E G L I C H K E I T U
T R I B U E N E A J Y F M L T T S A E
C K D M Q N V C B A T F M R E P R U H
R A T C S P I E L P O S I T I O N S R
Q H Z L I N I E Q M L S A Y W S S S E
Q D J V A U Q T E B K P X Q F I L E N
X W H T H H N Q V S M I Q G C T E N P
C F Y T D G K Z I T E E F N E I F P U
Y V N L B T O J X L K L O U N O A A N
I O O E N M O T E W N E N R E N L S K
L W E W E R R F V O X R C H J A B S T
Z B X H I A D O X B J Q O E H R Y B X
B B U O K T I X A W L Q E U J R Y A T
T K E H O Y N W Q Q M H E R E K A F P
A G S B W T A Y Y Z D A W E A P V Q Q
Z J R Z C F T P R W U T G B D F I A Y
T K T B V Y I B T P U O O Z Z W V M L
Y E P F R X O T N U W D D T Z Q F M Z
E I A X A N N N D C F P J E K G E V A
O L Y F O J Q F D Q P J X N R P S S C

10

SPIELPOSITION

TRIBUENE

LINIE

KOORDINATION

BEWEGLICHKEIT

AUSSENPASS

ANGRIFFSSPIELER

EHRENPUNKT

POSITION

NETZBERUEHRUNG

Lösung

```
P V O O N E U C B N T A N V E J H S T
K Y W Q L O O G G V N N L G B B A D C
I K J H S F P O T B D G D A L O D V A
H J D P S G T U Q P I R X N Z J W K S
T N T J E B E W E G L I C H K E I T U
T R I B U E N E A J Y F M L T T S A E
C K D M Q N V C B A T F M R E P R U H
R A T C S P I E L P O S I T I O N R R
Q H Z L I N I E Q M L S A Y W S S E E
Q D J V A U Q T E B K P X Q F I L N N
X W H T H N Q V S M I Q G C T E N P P
C F Y T D G K Z I T E F N E I F P U U
Y V N L B T O J X L K L O U N O A A N
I O O E N M O T E W N E N R E N L S K
L W E W E R R F V O X R C H J A B S T
Z B X H I A D O X B J Q O E H R Y B X
B B U O K T I X A W L Q E U J R Y A T
T K E H O Y N W Q Q M H E R E K A F P
A G S B W T A Y Y Z D A W E A P V Q Q
Z J R Z C F T P R W U T G B D F I A Y
T K T B V Y I B T P U O O Z Z W V M L
Y E P F R X O T N U W D D T Z Q F M Z
E I A X A N N N D C F P J E K G E V A
O L Y F O J Q F D Q P J X N R P S S C
```

U P J Y S D R B Y I D I M G A D H X A
O S E Z S L U K J I Y T U W U G S C X
Y B L U Y I S E Y N S L R D S T G Z Z
U Z E I P X Y V A A L E A C Z B H O O
E I N Y J Z W Z Z R M O R T E Y M U R
P O N S L V K U J E A E S E I J S T P
M X E P H D S N V X T O U S T U Q Z Z
M B T Y M P J D Y C E F O E P N Y K H
T A N P I F J U F L R I R O S F U G T
O L A E E U G R M H I F T U Y K V F E
S L L E Q X R T M C A L R M V E V B R
R B I L P F N A A Z L Y E D Y A O M D
X E P A N S D D C Z L U C O I S D L B
W R T Y N C N W N H V J G P H G A U L
J U X Z L C M P M B K B U P G R Q V O
Z E O O O Q C O T R A I N E R E H I C
E H B A G T A K K I P N P L H F V G K
Q R M A N N S C H A F T N K N A S S J
Q U N S E S M M P Z V V L O F R W R V
C N V Z N Q V V C O Y P M N S T M H A
K G X Q P X I I D A O I J T G S W Q I
I B T J B E Z P L O D V B A K Q E B G
G U P B S I P W Z U O R W K A W D R U
K S T A U O N X H P N Q A T Q O F Y K

11

BALLBERUEHRUNG
MANNSCHAFT
ANTENNE
DOPPELKONTAKT
BLOCK

UNTERES ZUSPIEL
MATERIAL
STRAFE
COTRAINER
AUSZEIT

Lösung

U	P	J	Y	S	D	R	B	Y	I	D	I	M	G	A	A	D	H	X	A
O	S	E	Z	S	L	U	K	J	I	Y	T	U	W	U	G	S	C	X	X
Y	B	L	U	Y	I	S	E	Y	N	S	L	R	D	S	T	G	Z	Z	Z
U	Z	E	I	P	X	Y	V	A	A	L	E	A	C	Z	B	H	O	O	O
E	I	N	Y	J	Z	W	Z	Z	R	M	O	R	T	E	Y	M	U	R	R
P	O	N	S	L	V	K	U	J	E	A	E	S	E	I	J	S	T	P	P
M	X	E	P	H	D	S	N	V	X	T	O	U	S	T	U	Q	Z	Z	Z
M	B	T	Y	M	P	J	D	Y	C	E	F	O	E	P	N	Y	K	H	H
T	A	N	P	I	F	J	U	F	L	R	I	R	O	S	F	U	G	T	T
O	L	A	E	E	U	G	R	M	H	I	F	T	U	Y	K	V	F	E	E
S	L	L	E	Q	X	R	T	M	C	A	L	R	M	V	E	V	B	R	R
R	B	I	L	P	F	N	A	A	Z	L	Y	E	D	Y	A	O	M	D	D
X	E	P	A	N	S	D	D	C	Z	L	U	C	O	I	S	D	L	B	B
W	R	T	Y	N	C	N	W	H	V	J	G	P	H	G	A	U	L	L	L
J	U	X	Z	L	C	M	P	M	B	K	B	U	P	G	R	Q	V	O	O
Z	E	O	O	O	Q	C	O	T	R	A	I	N	E	R	E	H	I	C	C
E	H	B	A	G	T	A	K	K	I	P	N	P	L	H	F	V	G	K	K
Q	R	M	A	N	N	S	C	H	A	F	T	N	K	N	A	S	S	J	J
Q	U	N	S	E	S	M	M	P	Z	V	V	L	O	F	R	W	R	V	V
C	N	V	Z	N	Q	V	V	C	O	Y	P	M	N	S	T	M	H	A	A
K	G	X	Q	P	X	I	I	D	A	O	I	J	T	G	S	W	Q	I	I
I	B	T	J	B	E	Z	P	L	O	D	V	B	A	K	Q	E	B	G	G
G	U	P	B	S	I	P	W	Z	U	O	R	W	K	A	W	D	R	U	U
K	S	T	A	U	O	N	X	H	P	N	Q	A	T	Q	O	F	Y	K	K

V	J	W	A	F	M	S	M	Q	H	L	E	P	R	V	V	C	C	C
P	M	U	B	P	Y	O	X	P	K	T	N	T	D	T	H	R	I	M
L	K	T	Q	S	B	P	A	M	S	T	T	R	H	M	Z	I	K	Q
Z	B	M	M	Z	R	H	O	U	C	O	S	C	K	F	P	P	V	T
Q	S	R	E	E	N	M	L	V	C	Q	C	F	A	I	C	D	R	F
B	N	I	J	T	L	R	Z	Q	O	Q	H	V	M	I	F	G	F	U
N	Y	V	T	H	E	I	Z	Y	U	H	E	W	L	K	S	I	E	A
D	H	F	F	V	R	R	I	Y	A	R	I	D	R	M	R	B	L	D
P	F	C	R	D	E	V	B	S	Z	T	D	F	F	G	U	B	Z	F
U	B	T	M	R	L	Z	V	A	A	A	U	L	N	N	I	Y	I	I
E	H	B	K	R	E	K	A	I	L	T	N	A	G	W	T	W	K	F
T	W	Q	R	E	I	Q	H	B	S	L	G	S	L	U	E	D	M	V
L	Y	H	A	L	P	U	M	W	C	K	F	O	L	F	K	E	C	Y
F	B	H	F	L	S	E	N	M	O	O	D	A	L	Y	Z	K	V	V
G	X	B	T	I	U	Z	J	Z	R	P	Z	D	N	Z	F	I	I	C
C	O	W	T	W	Z	Y	F	M	G	K	J	I	S	M	H	I	T	D
V	U	I	R	S	Z	R	D	A	P	J	U	Y	H	J	X	K	A	D
Z	B	J	A	E	A	N	B	Z	T	R	J	Z	J	M	D	O	G	O
L	J	U	I	G	D	N	E	T	T	A	H	C	S	K	C	O	L	B
I	J	V	N	E	V	Q	N	X	Y	B	Y	Y	U	Z	L	G	S	P
F	Z	Y	I	I	A	N	C	R	W	Q	F	O	J	S	P	R	P	P
Z	N	W	N	S	U	T	Y	N	W	H	S	W	W	X	C	N	Y	H
J	G	T	G	L	E	I	P	S	S	G	I	N	E	O	K	A	G	M
J	X	N	C	E	D	W	Z	Q	Y	N	H	A	C	L	U	V	G	X

12

- ENTSCHEIDUNG
- SIEGESWILLE
- KRAFTTRAINING
- BLOCKSCHATTEN
- ZUSPIELER
- METERBALL
- UEBUNGSFORM
- KOENIGSSPIEL
- VERLUST
- ANGRIFF

Lösung

```
V J W A F M S M Q H L E P R V V C C C
P M U B P Y O X P K T N T D T H R I M
L K T Q S B P A M S T T R H M Z I K Q
Z B M M Z R H O U C O S C K F P P V T
Q S R E E N M L V C Q C F A I C D R F
B N I J T L R Z Q O O Q H V M I F G F U
N Y V T H E I Z Y U H E W L K S I E A
D H F F V R R I Y A R I D R M R B L A
P F C R D E V B S Z T D F F G U B Z F
U B T M R L Z V A A A U L N N I Y I I
E H B K R E K A I L T N A G W T W K F
T W Q R E I Q H B S L G S L U E D M V
L Y H A L P U M W C K F O L F K E C Y
F B H F L S E N M O O D A L Y Z K V V
G X B T I U Z J Z R P Z D N Z F I I C
C O W T W Z Y F M G K J I S M H I T D
V U I R S Z R D A P J U Y H J X K A D
Z B J A E A N B Z T R J Z J M D O G O
L J U I G D N E T T A H C S K C O L B
I J V N E V Q N X Y B Y Y U Z L G S P
F Z Y I I A N C R W Q F O J S P R P P
Z N W N S U T Y N W H S W W X C N Y H
J G T G L E I P S S G I N E O K A G M
J X N C E D W Z Q Y N H A C L U V G X
```

S	I	W	G	C	Z	W	O	R	Q	U	R	A	L	R	W	M	L	C
S	I	E	M	U	G	Q	N	O	F	K	A	F	K	J	X	V	L	O
Y	J	H	M	M	Z	Y	A	X	L	P	S	R	T	U	Z	I	V	B
P	B	G	I	C	Q	O	P	W	A	J	V	J	G	S	S	Z	P	B
Z	L	L	V	X	X	J	C	H	T	K	E	G	R	L	I	I	A	H
Y	U	P	H	F	U	L	E	Z	T	Z	R	S	G	S	N	Z	R	S
A	Y	T	I	E	C	Q	L	W	E	S	L	T	X	A	D	A	Z	K
P	C	P	N	I	Z	R	D	E	R	X	I	L	T	Q	D	N	I	C
B	B	T	T	N	R	E	L	X	A	K	E	E	Z	D	Z	Y	L	Y
Z	R	T	E	I	M	G	E	Y	U	S	R	A	N	D	K	K	R	Q
C	K	N	R	L	A	G	F	J	F	I	E	X	I	R	K	X	T	F
W	P	A	R	D	M	A	R	Z	S	A	R	C	M	N	G	P	Y	P
K	N	W	E	N	N	B	E	P	C	F	S	B	Q	U	F	D	E	Z
C	Z	C	I	U	Z	T	T	Z	H	Z	O	A	D	R	G	S	H	Q
X	H	H	H	R	O	H	N	K	L	C	F	X	J	T	U	I	F	Y
S	Q	U	E	G	E	C	I	V	A	S	R	T	O	O	D	K	P	E
O	Z	N	O	J	M	E	H	S	G	F	T	K	W	K	E	Z	T	Q
Z	V	T	B	N	F	H	Z	J	I	P	I	I	Z	F	Z	R	P	L
D	U	S	W	Z	T	T	I	R	T	R	E	B	E	U	H	M	O	N
Y	M	P	C	H	R	A	B	O	T	P	D	S	S	Z	I	Z	S	K
C	T	R	U	C	N	N	J	A	U	Q	P	V	Q	M	C	U	M	S
X	Y	Z	Z	X	Z	R	O	E	Y	L	J	D	A	G	U	B	T	C
Y	A	R	D	L	E	F	R	E	D	R	O	V	M	U	P	U	X	P
E	N	O	Z	G	A	L	H	C	S	F	U	A	U	P	V	F	O	X

13

AUFSCHLAGZONE
GRUNDLINIE
HECHTBAGGER
TRIKOT
HINTERFELD

HINTERREIHE
UEBERTRITT
VERLIERER
FLATTERAUFSCHLAG
VORDERFELD

```
S I W G C Z W O R Q U R A L R W M L C
S I E M U G Q N O F K A F K J X V L O
Y J H M M Z Y A X L P S R T U Z I V B
P B G I C Q O P W A J V J G S S Z P B
Z L L V X X J C H T K E G R L I I A H
Y U P H F U L E Z T Z R S G S N Z R S
A Y T I E C Q L W E S L T X A D A Z K
P C P N I Z R D E R X I L T Q D N I C
B B T T N R E L X A K E E Z D Z Y L Y
Z R T E I M G E Y U S R A N D K K R Q
C K N R L A G F J F I E X I R K X T F
W P A R D M A R Z S A R C M N G P Y P
K N W E N N B E P C F S B Q U F D E Z
C Z C I U Z T T Z H Z O A D R G S H Q
X H H H R O H N K L C F X J T U I F Y
S Q U E G E C I V A S R T O O D K P E
O Z N O J M E H S G F T K W K E Z T Q
Z V T B N F H Z J I P I I Z F Z R P L
D U S W Z T T I R T R E B E U H M O N
Y M P C H R A B O T P D S S Z I Z S K
C T R U C N N J A U Q P V Q M C U M S
X Y Z Z X Z R O E Y L J D A G U B T C
Y A R D L E F R E D R O V M U P U X P
E N O Z G A L H C S F U A U P V F O X
```

S	Y	K	G	Y	M	O	G	A	Q	G	T	C	V	R	P	A	Q	Y
H	I	F	P	F	Y	L	Z	O	O	G	L	V	E	Z	B	F	D	L
R	E	U	A	H	C	S	U	Z	U	T	H	F	K	O	Y	M	N	R
K	M	M	I	N	A	I	J	L	A	E	I	L	D	V	S	I	E	E
V	F	Z	V	E	F	W	O	T	N	E	K	I	T	K	A	T	L	F
U	L	F	Y	Z	T	I	Z	O	R	P	H	L	O	N	U	M	H	I
A	U	F	S	C	H	L	A	G	T	R	A	I	N	I	N	G	E	E
M	F	D	X	P	O	L	N	Z	S	R	D	S	A	B	D	L	A	R
K	P	J	K	D	I	A	V	I	M	Z	O	C	O	N	J	U	Z	G
H	E	X	Y	D	N	E	V	L	H	T	J	N	L	A	Z	E	T	N
O	R	Z	I	E	U	M	L	G	V	F	E	E	L	Y	B	C	P	A
G	Z	A	S	G	G	Y	G	B	Y	K	F	K	M	Q	Q	K	V	L
M	J	S	M	U	L	Q	D	I	E	V	U	W	S	H	H	W	T	A
K	U	T	C	M	V	L	B	B	G	G	Y	Z	K	X	A	U	N	N
A	Q	O	G	E	B	B	P	V	J	Y	I	Q	O	F	I	N	K	O
X	M	W	X	C	P	S	V	G	Y	U	W	N	F	H	L	S	N	G
V	Q	I	B	A	G	E	C	M	G	D	A	A	N	K	E	C	J	A
E	N	K	B	X	K	H	F	R	X	D	G	I	Y	X	J	H	R	I
Q	J	U	F	U	V	L	E	D	L	N	N	T	I	F	E	H	D	D
T	P	J	R	Q	A	I	W	C	K	Z	S	J	E	V	U	R	W	I
B	C	U	G	D	N	Y	T	M	P	M	E	E	W	M	B	Y	Q	B	C
U	J	G	I	R	Q	J	I	A	E	O	A	Y	K	X	G	Z	Z	F
T	U	I	U	E	C	Q	Q	A	T	Z	J	D	Q	S	D	H	G	F
E	J	T	D	Q	T	K	O	J	R	M	S	F	T	R	G	D	M	H

14

AUSSENANGREIFER

TAKTIK

ZUSCHAUER

DIAGONALANGREIFER

AUFSCHLAGTRAINING

ANNAHME

TURNIER

SPIELBEGINN

GLUECKWUNSCH

ZAEHLEN

Lösung

S	Y	K	G	Y	M	O	G	A	Q	G	T	C	V	R	P	A	Q	Y
H	I	F	P	F	Y	L	Z	O	O	G	L	V	E	Z	B	F	D	L
R	E	U	A	H	C	S	U	Z	U	T	H	F	K	O	Y	M	N	R
K	M	M	I	N	A	I	J	L	A	E	I	L	D	V	S	I	E	E
V	F	Z	V	E	F	W	O	T	N	E	K	I	T	K	A	T	L	F
U	L	F	Y	Z	T	I	Z	O	R	P	H	L	O	N	U	M	H	I
A	U	F	S	C	H	L	A	G	T	R	A	I	N	I	N	G	E	E
M	F	D	X	P	O	L	N	Z	S	R	D	S	A	B	D	L	A	R
K	P	J	K	D	I	A	V	I	M	Z	O	C	O	N	J	U	Z	G
H	E	X	Y	D	N	E	V	L	H	T	J	N	L	A	Z	E	T	N
O	R	Z	I	E	U	M	L	G	V	F	E	E	L	Y	B	C	P	A
G	Z	A	S	G	G	Y	G	B	Y	K	F	K	M	Q	Q	K	V	L
M	J	S	M	U	L	Q	D	I	E	V	U	W	S	H	H	W	T	A
K	U	T	C	M	V	L	B	B	G	G	Y	Z	K	X	A	U	N	N
A	Q	O	G	E	B	B	P	V	J	Y	I	Q	O	F	I	N	K	O
X	M	W	X	C	P	S	V	G	Y	U	W	N	F	H	L	S	N	G
V	Q	I	B	A	G	E	C	M	G	D	A	A	N	K	E	C	J	A
E	N	K	B	X	K	H	F	R	X	D	G	I	Y	X	J	H	R	I
Q	J	U	F	U	V	L	E	D	L	N	N	T	I	F	E	H	D	D
T	P	J	R	Q	A	I	W	C	K	Z	S	J	E	V	U	R	W	I
B	C	U	G	D	N	Y	T	M	P	M	E	W	M	B	Y	Q	B	C
U	J	G	I	R	Q	J	I	A	E	O	A	Y	K	X	G	Z	Z	F
T	U	I	U	E	C	Q	Q	A	T	Z	J	D	Q	S	D	H	G	F
E	J	T	D	Q	T	K	O	J	R	M	S	F	T	R	G	D	M	H

N E O F P P G Y H E U A D D C W B I O
F Q P U N K T E S T A N D T Q S L M I
G K V J N E T Z K A N T E H U E Q I F
E O V J Z I W Y M P G R K A I J K J P
W B W R U P B G L M T M C F Z Q W B
I C N T F U M Y W K S X N V E V Q X R
N S Y D Y C R Y Z A D O Z Y D A W T E
N E H I E R R E D R O V V I O X T T N
E A M U Y F F K V T B N M Y H B W W O
N X R P F K O X Z R P U I L T E T Z H
R K I Z J E M N X M L D L M E H P G C
E Z Z E M H U E Z A T U D U M X Q R S
N Q A S P I E L B E R E I T L L J W E
O W C A Q Q V H W G S Y F O L V S G I
H I U O O Z C S T Z C V Q O A W M T N
C B J I F A I R P L A Y B M V T M T K
S N E T S O F P Z T E N Q R R Y L C N
E Z O Q V L L V E P B N A R E Q Z F B
I V C G Z I H M J X N I G T T O X L A
N T Q R U I S N O B K R Z H N N C A G
K Y N Q K K J E X K J L T G I K I Q I
C F E J P J W B F Q I A I E V G C D B
D P B D H X M A Z J N S M I W G Z A H
B J U B M H M S N H V Y D X Z S R R Y

15

SPIELBEREIT
VORDERREIHE
NETZKANTE
NETZPFOSTEN
KNIESCHONER

INTERVALLMETHODE
FAIRPLAY
GEWINNEN
KNIESCHONER
PUNKTESTAND

Lösung

N	E	O	F	P	P	G	Y	H	E	U	A	D	D	C	W	B	I	O
F	Q	P	U	N	K	T	E	S	T	A	N	D	T	Q	S	L	M	I
G	K	V	J	N	E	T	Z	K	A	N	T	E	H	U	E	Q	I	F
E	O	V	J	Z	I	W	Y	M	P	G	R	K	A	I	J	K	J	P
W	B	W	R	U	R	P	B	G	L	M	T	M	C	F	Z	Q	W	B
I	C	N	T	F	U	M	Y	W	K	S	X	N	V	E	V	Q	X	R
N	S	Y	D	Y	C	R	Y	Z	A	D	O	Z	Y	D	A	W	T	E
N	E	H	I	E	R	R	E	D	R	O	V	V	I	O	X	T	T	N
E	A	M	U	Y	F	F	K	V	T	B	N	M	Y	H	B	W	W	O
N	X	R	P	F	K	O	X	Z	R	P	U	I	L	T	E	T	Z	H
R	K	I	Z	J	E	M	N	X	M	L	D	L	M	E	H	P	G	C
E	Z	Z	E	M	H	U	E	Z	A	T	U	D	U	M	X	Q	R	S
N	Q	A	S	P	I	E	L	B	E	R	E	I	T	L	L	J	W	E
O	W	C	A	Q	Q	V	H	W	G	S	Y	F	O	L	L	V	S	I
H	I	U	O	O	Z	C	S	T	Z	C	V	Q	O	A	W	M	T	N
C	B	J	I	F	A	I	R	P	L	A	Y	B	M	V	T	M	T	K
S	N	E	T	S	O	F	P	Z	T	E	N	Q	R	R	Y	L	C	N
E	Z	O	Q	V	L	L	V	E	P	B	N	A	R	E	Q	Z	F	B
I	V	C	G	Z	I	H	M	J	X	N	I	G	T	T	O	X	L	A
N	T	Q	R	U	I	S	R	N	O	B	K	R	Z	N	N	C	A	G
K	Y	N	Q	K	K	J	E	X	K	J	L	T	G	I	K	I	Q	I
C	F	E	J	P	J	W	B	F	Q	I	A	I	E	V	G	C	D	B
D	P	B	D	H	X	M	A	Z	J	N	S	M	I	W	G	Z	A	H
B	J	U	B	M	H	M	S	N	H	V	Y	D	X	Z	S	R	R	Y

M X F F P T H A Q H S J Z J W E G G I
X O S D G R Y G Z L O I I N V Y M X G
G E Q F Y A H Z B I R E Y Z W B D D P
F E C U T I U D I H T E J I E N F N L
T T E B C N U X G S L C W W R K M Z F
M I A B I E O X F A Y I X C C K V B F
V Z S R C R G Y Z P G R Y W S P B G I
G E G N E R C R V O O N K Z P X Z W R
O P F O P H V T L T O P L M T M U L G
G I P I U C A S O E J O M Z E E G A N
M S F M U D R N D Z C M T J G U N O A
Q Q D A V U E K P C Q C Q R M S P X D
M G J H G J E D C R E G K C B M O F L
P D V S T V Z B I M Q B R D E P Y L E
Q S C N A X H B U X E N B T E J U Q F
L Y U Y B T K W N N B I H W L U C P R
V J O A W V O G B S G Z N K H C B J E
J N W S C H I E D S R I C H T E R G T
N C D M P G W Z Z A J G X J Z R G E N
T W F I T N E S S T R A I N I N G X I
X K W X E Y N E S O L S U A I Q U T H
R R C G Q T N T K X M G C A M G K O T
X H E I S S P R A Y S B Q R V A R T C
N M X Q K B D A P C S Z M I V G F O V

16

UEBUNG

SCHIEDSRICHTER

FITNESSTRAINING

AUSLOSEN

NETZ

HINTERFELDANGRIFF

EISSPRAY

GEGNER

TEMPO

TRAINER

Lösung

M	X	F	F	P	T	H	A	Q	H	S	J	Z	J	W	E	G	G	I
X	O	S	D	G	R	Y	G	Z	L	O	I	I	N	V	Y	M	X	G
G	E	Q	F	Y	A	H	Z	B	I	R	E	Y	Z	W	B	D	D	P
F	E	C	U	T	I	U	D	I	H	T	E	J	I	E	N	F	N	L
T	T	E	B	C	N	U	X	G	S	L	C	W	W	R	K	M	Z	F
M	I	A	B	I	E	O	X	F	A	Y	I	X	C	C	K	V	B	F
V	Z	S	R	C	R	G	Y	Z	P	G	R	Y	W	S	P	B	G	I
G	E	G	N	E	R	C	R	V	O	O	N	K	Z	P	X	Z	W	R
O	P	F	O	P	H	V	T	L	T	O	P	L	M	T	M	U	L	G
G	I	P	I	U	C	A	S	O	E	J	O	M	Z	E	E	G	A	N
M	S	F	M	U	D	R	N	D	Z	C	M	T	J	G	U	N	O	A
Q	Q	D	A	V	U	E	K	P	C	Q	C	Q	R	M	S	P	X	D
M	G	J	H	G	J	E	D	C	R	E	G	K	C	B	M	O	F	L
P	D	V	S	T	V	Z	B	I	M	Q	B	R	D	E	P	Y	L	E
Q	S	C	N	A	X	H	B	U	X	E	N	B	T	E	J	U	Q	F
L	Y	U	Y	B	T	K	W	N	N	B	I	H	W	L	U	C	P	R
V	J	O	A	W	V	O	G	B	S	G	Z	N	K	H	C	B	J	E
J	N	W	S	C	H	I	E	D	S	R	I	C	H	T	E	R	G	T
N	C	D	M	P	G	W	Z	Z	A	J	G	X	J	Z	R	G	E	N
T	W	F	I	T	N	E	S	S	T	R	A	I	N	I	N	G	X	I
X	K	W	X	E	Y	N	E	S	O	L	S	U	A	I	Q	U	T	H
R	R	C	G	Q	T	N	T	K	X	M	G	C	A	M	G	K	O	T
X	H	E	I	S	S	P	R	A	Y	S	B	Q	R	V	A	R	T	C
N	M	X	Q	K	B	D	A	P	C	S	Z	M	I	V	G	F	O	V

L	E	U	R	R	Q	P	I	K	A	A	T	A	K	O	V	U	Y	M
N	J	J	E	Y	Z	B	Q	R	D	U	D	S	D	J	S	D	B	A
S	N	M	D	O	O	T	H	X	R	F	U	F	Q	A	K	F	T	B
B	I	A	N	F	B	U	X	Z	F	S	A	I	X	L	X	P	I	J
H	L	U	E	W	Y	R	N	I	R	T	B	T	Q	D	J	C	X	T
G	Y	X	A	P	B	T	O	U	C	E	F	C	Z	P	R	H	M	F
R	U	E	H	A	I	P	I	V	Y	L	U	S	O	K	U	P	Q	A
G	Q	B	S	J	D	T	T	U	J	L	A	X	F	M	T	S	N	N
W	U	B	K	D	T	K	A	P	X	U	S	U	E	D	S	P	F	V
E	A	V	N	B	P	Q	V	M	F	N	F	Z	D	D	C	I	M	N
R	T	H	I	M	D	O	I	X	O	G	F	F	O	T	H	E	X	E
I	D	M	L	X	E	F	T	W	M	S	I	B	M	J	B	L	R	T
R	K	R	V	A	C	D	O	M	O	F	R	F	B	W	A	E	K	P
M	O	Y	R	R	A	M	P	C	E	G	I	Q	B	G	R	U	K
E	U	U	O	Z	G	D	N	N	A	H	N	T	O	A	G	W	D	E
X	J	L	T	U	E	Q	P	F	G	L	A	N	T	L	E	E	L	T
V	I	B	A	K	P	E	I	T	F	E	C	E	V	W	R	C	R	H
W	Z	E	T	G	L	E	I	P	S	R	E	S	I	A	K	H	S	Q
S	Z	B	I	M	U	K	B	K	W	F	Z	S	S	H	F	S	U	V
J	C	U	O	O	R	S	K	D	U	N	A	G	S	F	L	E	G	T
F	I	Y	N	H	M	N	W	Y	S	L	X	R	Q	D	L	S	P
D	W	E	T	T	B	E	W	E	R	B	U	J	B	T	O	E	E	E
P	A	L	D	D	X	V	L	F	A	X	J	P	C	I	U	I	T	P
S	C	E	M	M	C	X	Z	P	U	O	N	V	L	K	E	C	U	Z

17

MOTIVATION

KAISERSPIEL

ROTATION

LINKSHAENDER

RUTSCHBAGGER

AUFSTELLUNGSFEHLER

FITNESS

SPIELERWECHSEL

ANGRIFFSAUFBAU

WETTBEWERB

Lösung

L E U R R R Q P I K A A T A K O V U Y M
N J J E Y Z B Q R D U D S D J S D B A
S N M D O O T H X R F U F Q A K F T B
B I A N F B U X Z F S A I X L X P I J
H L U E W Y R N I R T B T Q D J C X T
G Y X A P B T O U C E F C Z P R H M F
R U E H A I P I V Y L U S O K U P Q A
G Q B S J D T T U J L A X F M T S N N
W U B K D T K A P X U S E D S P F V
E A V N B P Q V M F N F Z D D C I M N
R T H I M D O I X O G F F O T H E X E
I D M L X E F T W M S I B M J B L R T
R K R V A C D O M O F R F B W A E K T
M O Y R R R A M P C E G I Q B G R U K
E U U O Z G D N N A H N T O A G W D E
X J L T U E Q P F G L A N T L E E L T
V I B A K P E I T F E C E V W R C R H
W Z E T G L E I P S R E S I A K H S Q
S Z B I M U K B K W F Z S S H F S U V
J C U O O R S K D U N A G S F L E G T
F I Y N N H M N W Y S L X R Q D L S P
D W E T T B E W E R B U J B T O E E E
P A L D D X V L F A X J P C I U I T P
S C E M M C X Z P U O N V L K E C U Z

Y H P Q L V S M T F Q V R H X S M M O
G M T S U S U P O L F U D S R N R T A
G W G M V U M T H I R L U O A I C D Q
N S J U P A S P V C D S T G W E Z E Y
I Z G W T N C V M N W E K K Y R U R R
N Y M S T D H C W J H A A A T E F E Z
I D D H M Q A F L Q O A R O E V L E J
A J A J G J L V N I T R T F H E U G J
R T D W U T T W V F B B E B I P A P B
T D V M Z C S N H B R X H P H Y Z A J
R L O T J B P Q R I A G S F W T E M M
E I L F W F I I D K H Z H F D Q M R A
U C L W T R E P S G T L E F R A L P Z
A G E L M G L K M A I Q D I H B Q I L
D A Y M E I Z C S P N I Q C M C X A F
S J B L S B W R L N T U P T X E E S A
U Z A B G N E G M Q K L H Z J U A N O
A Y L C T E J H P O V A Y N F L H R T
O K L I F N A E H A A G L E B H Z N P
U Y O U S N O M W U O F R U A C P M T
Y G D R D I I J R S W V K S L D U A N
S S Q Q L W L M G Q S I T C L M S V U
R Y M J P E C V D L S I E F O R B B N
Z N Y X D G M I O M X K H W J Z H J Q

18

GEWINNEN

RIEGEL

LAEUFER

BALL IM AUS

UMSCHALTSPIEL

PRAEMIE

ERSATZSPIELER

AUSDAUERTRAINING

ROTE KARTE

VOLLEYBALL VEREIN

Lösung

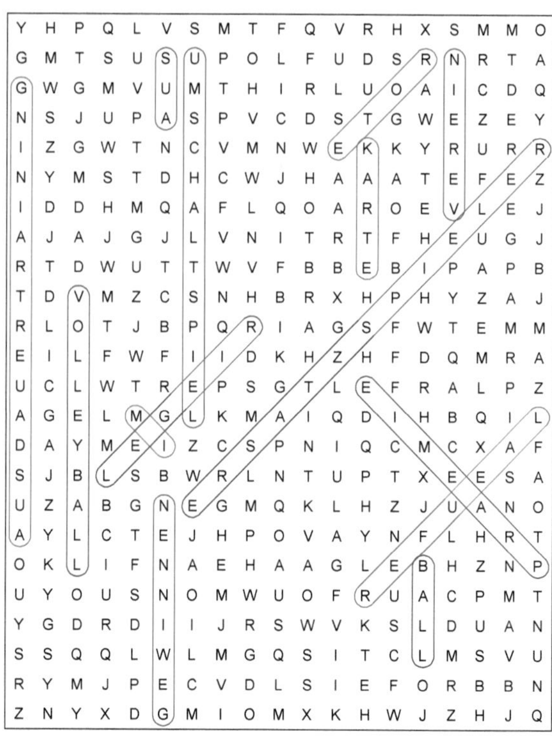

DAS

BOWLING

WORTSUCHRÄTSEL BUCH

R E U W N U E M F O U R B A G G E R O

V Q V B A J O A O X N T P P W Z Y X U

L P N B S B W E A U F H O L J A G D J

V A O V R O B Z E B O B L Q E R E D E

J Y Q W C Z R K P V G G S Z K W O H Y

G V Z E B S M K O Z F M N L M I F P M

W B J W Y X S E K X O O P X Z B G D M

S R U S D V G Z P I X B C U N Q I N F

R E F U I G F P O H X Y K G K U B T N

P O E B K D K F O P O R H Z P I O N A

Y K V O P E E B H X C K B R C H M K

D P O Q J A I I S F S L U N X K L Z Z

L U L M A C H E R J B O B C F E N G F

S G G T X P J M H E H F R Y L I L Z C

N E T B W M A O S N S W N P L G D G L

G T S D I M G Z R C M U O L A H T L M

S U I M B V L T D L T G F Z B T R W Q

R S R D X K T U O F X N P B S U O B I

V C W Y H D K I X V S Q G D U S C D E

K R R I S X J S V D Q E A H A P Z S Y

Q A R T R X F R I F V T S Y H L F G T

B T P O I G M P Y J R S S S Y L Q V A

R C Z P C L B I S O D I E W P J H U V

U H C G K X W J Z L S O U Z J W Q P K

1

DKB
SCRATCH
GASSE
FOURBAGGER
QUICKEIGHT

WRISTGLOVE
HAUSBALL
SERIE
PROSHOP
AUFHOLJAGD

```
R E U W N U E M F O U R B A G G E R O
V Q V B A J O A O X N T P P W Z Y X U
L P N B S B W E A U F H O L J A G D J
V A O V R O B Z E B O B L Q E R E D E
J Y Q W C Z R K P V G G S Z K W O H Y
G V Z E B S M K O Z F M N L M I F P M
W B J W Y X S E K X O O P X Z B G D M
S R U S D V G Z P I X B C U N Q I N F
R E F U I G F P O H X Y K G K U B T N
P O E B K D K F O P O R H Z P I O N A
Y K V O P E E B U H X C K B R C H M K
D P O Q J A I I S F S L U N X K L Z Z
L U L M A C H E R J B O B C F E N G F
S G G T X P J M H E H F R Y L I L Z C
N E T B W M A O S N S W N P L G D G L
G T S D I M G Z R C M U O L A H T L M
S U I M B V L T D L T G F Z B T R W Q
R S R D X K T U O F X N P B S U O B I
V C W Y H D K I X V S Q G D U S C D E
K R R I S X J S V D Q E A H A P Z S Y
Q A R T R X F R I F V T S Y H L F G T
B T P O I G M P Y J R S S S Y L Q V A
R C Z P C L B I S O D I E W P J H U V
U H C G K X W J Z L S O U Z J W Q P K
```

I Y H I B B U P H N N S H L D V C W K
F A B C V F R Q U A C Y Q S N H B N V
T S T I F E Q E B A L L H A L T U N G
B O U T Y S R F K K I U J Z C E T M B
Q G B R V A F Q P U E E F F V L J N M
M U X J P H I O I Z V V H F Q D U B L
E C F S K P H N O Z L M H H H U Z W S
H P S P I E L K L A S S E Q B M I U W
J C A F V D H F F I M K V O O J H R E
M B V K L Z Z N B F D U W X K K B F S
R G A D J N H E R A B L H R B J V T T
L C F B D O P B M V I M F U U E O E L
Q N G W Z U Z J Y N A V R F F S Q C U
U Z Q T K S J U G A A M B N U U G H B
M F R S P N K B P N Z U E E V R L N T
N R W I P Y A M W C O G D R L D X I W
U W D J U L G P C H O E P I Q P O K N
E Y O Z L B E F Y O Z M A F I D L A
J F C R Z I S X E R H H G A Q O R F Q
D S H S H G A H T Z L O F M Y P F V S
W W X N G I K S W T X L L A R D I X W
V E V A K G L Y O E E S U U M C O Z O
T E X F A A T T Q T G Q O G U V S A N
Y P P X T N M Z E H L J Y J K M X P Z

BOWLINGBALL   WURFTECHNIK

DRALL   SPIELKLASSE

FANS   SPARE

ANCHOR   BALLHALTUNG

SWEEP   UHU

Lösung

I Y H I B B U P H N N S H L D V C W K
F A B C V F R Q U A C Y Q S N H B N V
T S T I F E Q E B A L L H A L T U N G
B O U T Y S R F K K I U J Z C E T M B
Q G B R V A F Q P U E E F F V L J N M
M U X J P H I O I Z V V H F Q D U B L
E C F S K P H N O Z L M H H U Z W S
H P S P I E L K L A S S E Q B M I U W
J C A F V D H F F I M K V O O J H R E
M B V K L Z Z N B F D U W X K K B F B
R G A D J N H E R A B L H R B J V T T
L C F B D O P B M V I M F U U E O E L
Q N G W Z U Z J Y N A V R F F S Q C U
U Z Q T K S J U G A A M B N U U G H B
M F R A E P N K B P N Z U E E V R L N T
N R W I P Y A M W C O G D R L D X I W
U W D J U L G P C H O E P I Q P O K N
E Y O Z L B E F Y O Y Z M A F I D L A
J F C R Z I S X E R H H G A Q O R F Q
D S H S H G A H T Z L O F M Y P F V S
W W X N G I K S W T X L L A R D I X W
V E V A K G L Y O E E S U U M C O Z O
T E X F A A T T Q T G Q O G U V S A N
Y P P X T N M Z E H L J Y J K M X P Z

U R J T C A N Q M G O C K D A O T B I
C O F I L D Y O C M O M G K W J Z C Q
Q Z D E P I Y D T N A A Y C P V Y K U
E O J K R V L O V T B K H J L R N Y C
L N S X T D C E P V R I T I K R C X S
G J J M N S V C U M O T T T O S I W D
H O N T X P Y C R G K S I D E X E H I
A H M G X K W C H X T A M E R M W W D
W U N S B C M U J Q N N V A A K X J E
X E T B F X Z W E S H M A R L X F E O
V N B J D F S W V F A Y F A O E J F Q
Q A N H A E C I W M B G X B H D V V U
G C P A O C H G K F G Q P A S O M S G
B X U E Q F N W D V N G N B I K P K E
M L C M E J I C H W I I S Y D N W F D
X N E Z I P T F U B L H S S H E P J D
D C Y V N R T M Q M W U L P G R H P N
R L D L T N L J P I O O F L S H B X B
E J I L E J I A S D B J A I S E Q F Z
X A M D R T S M I X E D F T R X N L V
X T G X V V T T A V V I D O P P E L F
S U O C I Q E D N M B X C D M I G W W
B D V N E L F A V E Q C J T B I A D M
M E S S W C G N E G H D Q E C V N D U

Lösung

```
U R J T C A N Q M G O C K D A O T B I
C O F I L D Y O C M O M G K W J Z C Q
Q Z D E P I Y D T N A A Y C P V V Y K U
E O J K R V L O V T B K H J L R N Y C
L N S X T D C E P V R I T I K R C X S
G J J M E S V C U M O T T T O S I W D
H O N T X P Y C R G K S I D E X E H I
A H M G X K W C H X T A M E R M W W D
W U N S B C M U J Q N N V A A K X J E
X E T B F X Z W E S H M A R L X F E O
V N B J D F S W V F A Y F A O E J F Q
Q A N H A E C I W M B G X B H D V V U
G C P A O C H G K F G Q P A S O M S G
B X U E Q F N W D V N N B I K P K E
M L C M E J I C H W I I S Y D N W F
X N E Z I P T F U B L H S S H E P J D
D C Y V N R T M Q M W U L P G R H P N
R L D L T N L J P I O O F L S H B X B
E J I L E J I A S D B J A I S E Q F Z
X A M D R T S M I X E D F T R X N L V
X T G X V V T T A V V I D O P P E L F
S U O C I Q E D E N M B X C D M I G W W
B D V N E L F A V E Q C J T B I A D M
M E S S W C G N E G H D Q E C V N D U
```

S E T Z C L X H P G O O S Y P L T I Z
L L P G L F G Z G P H Y S B P V X R Y
S B V S T G S S Z K R R P J V W E D F
C U M V S M N K D C T E P A E H D Q M
Z O I S J T D N F W W U L T Q R F W H
P D K Q I M E P U E T B R W U C C N O
X A R F I L L P R G C E X B O K G N R
C V R P R X Y L L K T C B W G B J L X
T Q Y Y L I V G O A Z V L Y U T C S V
X S N I R P W R A R D N J C F V Q M O
D B U I E I K E Y E W D M G K B S N V
E V L N P O J D U O G I E U M I M D A
Y S L A M F Z N B R N N I R T H K Y N
G M W H U E P U D U U O M V L L M N J
B M U O B C H Z J O D I C D Q F B O Z
O U R K G U E Q C Y I T U P U T K T Y
W T F X R T B D D D E A A E W A J B Q
L A K E W W Z D O P H T J G L H A W U
E G A Z M S L V O K C O W C A O G J S
R J S E H O T U C K S R H C N I W O E
I M B J G V K G Z U T O Z A R E U X K
N T P X Y D T L V U N H G W H B E H Y
V S Y M D V N I D K E F V O Z O S W G
A C W N S F F Q L P I U L C I D T O M

4

ENTSCHEIDUNG

ROLL

STEPLADDER

BOWLERIN

ROTATION

BUMPER

NULLWURF

UNDER

BOWLER

DOUBLE

Lösung

S E T Z C L X H P G O O S Y P L T I Z
L L P G L F G Z G P H Y S B P V X R Y
S B V S T G S S Z K R R P J V W E D F
C U M V S M N K D C T E P A E H D Q M
Z O I S J T D N F W W U L T Q R F W H
P D K Q I M E P U E T B R W U C C N O
X A R F I L L P R G C E X B O K G N R
C V R P R X Y L L K T C B W G B J L X
T Q Y Y L I V G O A Z V L Y U T C S V
X S N I R P W R A R D N J C F V Q M O
D B U I E I K E Y E W D M G K B S N V
E V L N P O J D U O G I E U M I M D A
Y S L A M F Z N B R N N I R T H K Y N
G M W H U E P U D U U O M V L L M N J
B M U O B C H Z J O D I C D Q F B O Z
O U R K G U E Q C Y I T U P U T K T Y
W T F X R T B D D D E A A E W J B Q
L A K E W W Z D O P H T J G L H A U U
E G A Z M S L V O K C O W C A O G J S
R J S E H O T U C K S R H C N I W O E
I M B J G V K G Z U T O Z A R E U X K
N T P X Y D T L V U N H G W H B E H Y
V S Y M D D V N I D K E F V O Z O S W G
A C W N S F F Q L P I U L C I D T O M

G	N	I	N	I	A	R	T	R	E	U	A	D	S	U	A	Q	T	X
A	N	H	G	U	S	H	W	Q	E	V	O	Z	H	C	T	R	L	F
V	Q	U	U	I	P	Z	S	Q	M	B	F	S	D	G	T	S	Z	X
Y	R	M	E	D	Y	G	I	H	Q	N	V	F	S	H	O	G	X	S
M	X	H	G	R	N	W	H	R	O	R	Y	E	Y	N	S	H	F	N
Q	Z	O	A	U	K	N	A	L	I	O	O	S	Z	L	U	M	P	E
D	Z	F	D	Y	T	T	P	Y	E	N	K	N	L	G	M	K	S	V
V	G	L	N	Y	T	Z	C	S	Z	G	I	V	U	T	K	P	Z	H
R	B	Y	A	E	R	H	H	X	O	Q	A	D	K	A	I	D	L	J
F	H	A	B	H	X	A	A	Y	O	K	R	R	X	V	P	S	F	Q
F	C	C	L	H	H	H	U	T	B	E	K	U	E	O	S	O	G	B
B	S	A	O	L	L	Q	Q	P	N	A	N	V	C	V	B	Q	Q	A
B	Y	A	E	L	A	K	A	R	Z	I	M	N	H	A	A	B	O	E
R	E	Z	H	B	N	B	O	O	H	C	O	V	I	G	U	L	F	A
J	U	C	C	V	D	E	G	P	R	H	J	P	U	Y	L	K	F	F
P	G	C	Z	S	Y	J	M	A	M	P	X	Q	K	M	I	X	C	S
Z	T	W	Q	C	P	N	E	U	B	K	T	X	J	A	F	Z	Q	G
U	O	L	S	Q	I	G	Q	F	A	E	Z	S	P	Y	E	S	Z	Q
U	F	C	K	E	L	O	V	E	E	D	W	K	C	J	N	R	V	J
K	L	G	N	I	T	N	E	V	J	Y	B	D	Y	V	D	V	B	W
D	D	V	W	I	S	N	Q	T	S	R	L	V	L	A	W	T	R	K
C	X	V	L	O	Y	B	Q	I	J	E	A	V	M	R	W	E	W	D
P	I	X	N	G	W	L	A	S	Q	X	K	O	I	B	Q	M	O	Q
J	N	N	K	N	C	O	U	I	E	R	O	C	L	A	F	W	F	H

5

DAUMENLOCH

AVERAGE

BALLABGABE

BANDAGE

BREAKPOINT

HOOK

RATTE

AUSDAUERTRAINING

VENTING

CORE

Lösung

```
G N I N I A R T R E U A D S U A Q T X
A N H G U S H W Q E V O Z H C T R L F
V Q U U I P Z S Q M B F S D G T S Z X
Y R M E D Y G I H Q N V F S H O G X S
M X H G R N W H R O R Y E Y N S H F N
Q Z O A U K N A L I O O S Z L U M P E
D Z F D Y T T P Y E N K N L G M K S V
V G L N Y T Z C S Z G I V U T K P Z H
R B Y A E R H H X O Q A D K A I D L J
F H A B H X A A Y O K R R X V P S F Q
F C C L H H H U T B E K U E O S O G B
B S A O L L Q Q P N A N V C V B Q A A
B Y A E L A K A R Z I M N H A A B O E
R E Z H B N B O O H C O V I G U L F A
J U C C V D E G P R H J P U Y L K F F
P G C Z S Y J M A M P X Q K M I X C S
Z T W Q C P N E U B K T X J A F Z Q G
U O L S Q I G G Q F A E Z S P Y E S Z Q
U F C K E L O V E E D W K C J N R V J
K L G N I T N E V J Y B D Y V D V B W
D D V W I S N Q T S R L V L A W T R K
C X V L O Y B Q I J E A V M R W E W D
P I X N G W L A S Q X K O I B Q M O Q
J N N K N C O U I E R O C L A F W F H
```

K E E O T U N Z P G E I T S B A K G X
U G N U T S I E L T T I N H C S T M N
Y J B V R D N B P L T X S K M J V Q Y
C T J O A T C Q C F A M S H L T T I B
X P G R F O H I Q T U F S I E Z A O U
F Z H W P D J Q O V O A H M X I I C G
L I T K A A I H E A S G L F D P P U Y
D B S L C Z R C C B H X K S J A A O E
T C Y L I Q Y J H S R P U M X X T C S
K H D A D I M S Z N C M Z S P P O O K
A O E B N V Y K H C T P H L Y F I B J
W Z A R A B G Q J Q S F G A E E I T Q
N S K E H K D H R C Q J L R Y I Q R T
D P Y T A V P X Y S R P J B U L N E P
Q R I T E D M J V J R O D P E E P L Q
U O E U V B L I G I H I R A P J B E C
Y T A G V P K Y A N V B L V E A O I S
C L Y G F S O F P W G R K M C D G P C
O N S Z I T H H D N F Z F K Z D X S T
O D I D I L N G L M P B E A S F X L B
U G V S Y I Y S T K K N L R T X X O G
K Z J V Q S U H Q U D K B A M U G N B
M B M U X W G P E C O W B G J L S F N
U T Z M Q T N M U D C P N J I M E V G

6

SCHNITTLEISTUNG

ABSTIEG

SIXPACK

BACKEND

PBA

SPIELER

GUTTERBALL

HANDICAP

PFEILE

FAIRPLAY

Lösung

R L Z D J Q N C C L T V O Z X H O U M
X N K U W B C Q Y O U Q K R H D N J F
I G X J U I W T E V Z Q U O J C J B Y
P U S R N D X I S Y M D R G H B E T T
R K S D C M X B L Y U L R I F T L W X
H K Y E E T V X Z C J W R N T F V I N
Q U T G D I C N H C V K F P F E V P S
E J Y Z P Y D W O Q D U F T T X V F W
B N A N A D F T X C J O G G K M T D E
J U A P Z M F Q N Y S F M W N I A H C
O A C R M I K Q M T C T M O P K Q G R
G Z H M I E K U E H S C S S I M H V E
S W T E R D X N O L Q J U I I C E W A
X Y E T K G D B U V T H Z X A W B C P
W V R S A P K O I H H D X O E R N H E
I M A Y O N F P K W X B R V O C G P R
H G N S F A N Z B F E P V O S V I I B
W G W A E X G V T Q P K K M W N W W A
V V U G E S C T Z A E L D S F M P P I
Q U R I Q P T B F V Y V P A V Z X V X
T D F L W X K A Q N Z N L S T C X H Y
M Y N O S I A S X U B L N S R M J T I
H Y V C Q F P H K W X K Z H E I I N S
B U P S H Q N S Y S Z G X A T M H R S

BROOKLYN

FOUL

MISS

PINFALL

ACHTERANWURF

CREAPER

SAISON

APPROACH

BETTPFOSTEN

LIGASYSTEM

Lösung

```
R L Z D J Q N C C L T V O Z X H O U M
X N K U W B C Q Y O U Q K R H D N J F
I G X J U I W T E V Z Q U O J C J B Y
P U S R N D X I S Y M D R G H B E T T
R K S D C M X B L Y U L R I F T L W X
H K Y E E T V X Z C J W R N T F V I N
Q U T G D I C N H C V K F P F E V S
E J Y Z P W D W O Q D U F T T X V F W
B N A N A D F T X C J O G G K M T D E
J U A P Z M F Q N Y S F M W N I A H C
O A C R M I K Q M T C T M O P K Q G R
G Z H M I E K U E H S C S S I M H V E
S W T E R D X N O L Q J U I I C E W A
X Y E T K G D B U V T H Z X A W B C P
W V R S A P K O I H H D X O E R N H E
I M A Y O N F P K W X B R V O C G P R
H G N S F A N Z B F E P V O S V I I B
W G W A E X G V T Q P K K M W N W A A
V V U G E S C T Z A E L D S F M P P I
Q U R I Q P T B F V Y V P A V Z X V X
T D F L W X K A Q N Z N L S T C X H Y
M Y N O S I A S X U B L N S R M J T I
H Y V C Q F P H K W X K Z H E I I N S
B U P S H Q N S Y S Z G X A T M H R S
```

V	V	T	E	L	I	Y	D	N	L	E	K	I	J	D	S	V	P	R
Y	J	T	B	R	E	T	T	U	M	R	E	G	E	I	W	H	C	S
G	N	Z	A	U	B	X	K	L	Y	R	X	B	P	Q	I	Q	I	G
C	G	Y	L	D	G	K	H	C	Y	R	E	Z	I	Y	X	Z	Y	S
V	I	S	L	M	L	S	X	B	L	K	O	T	K	C	E	H	P	G
P	H	X	R	F	O	U	L	L	I	N	E	L	T	A	S	N	K	N
I	O	A	E	P	T	Q	B	L	O	L	U	Z	P	U	U	I	A	T
T	B	O	T	K	V	V	X	L	L	J	F	S	H	C	G	A	Y	L
G	O	E	U	A	N	F	A	E	N	G	E	R	F	E	H	L	E	R
W	O	O	R	X	R	G	N	C	Y	E	Y	K	V	T	M	H	L	K
N	C	W	N	A	M	L	R	G	J	F	S	I	K	Y	Z	O	T	H
F	E	X	S	P	Z	H	O	H	B	F	B	G	B	K	Y	X	V	W
W	T	J	P	O	R	X	Q	O	E	K	L	L	G	G	J	X	E	C
F	G	H	L	X	X	G	N	U	W	H	C	S	K	C	E	U	R	B
N	X	X	H	H	T	P	S	C	P	X	Z	V	P	Q	L	U	D	X
L	Z	H	A	S	V	J	B	T	O	X	T	Z	L	I	X	M	R	W
C	Z	G	E	T	B	N	H	A	B	L	E	P	P	O	D	F	W	J
G	F	N	S	M	F	K	H	J	L	H	D	A	L	S	I	X	Z	Q
Q	I	F	X	K	W	N	F	E	X	M	V	Q	S	L	F	Z	T	B
P	O	Q	B	K	W	I	R	C	R	W	U	H	N	J	H	G	I	V
I	Y	S	S	K	C	O	T	S	R	E	V	O	C	A	W	X	Y	N
B	R	Q	E	W	H	W	J	E	H	L	Z	L	J	E	T	U	E	M
J	X	C	P	S	F	D	I	H	L	C	L	L	U	F	L	K	O	R
P	F	B	X	D	C	C	G	X	O	V	W	S	S	G	G	Q	A	S

SCHWIEGERMUTTER

GUTTER

LANE

BALLRETURN

DOPPELBAHN

FOULLINE

PINES

ANFAENGERFEHLER

RUECKSCHWUNG

COVERSTOCK

Lösung

```
V V T E L I Y D N L E K I J D S V P R
Y J T B R E T T U M R E G E I W H C S
G N Z A U B X K L Y R X B P Q I Q I G
C G Y L D G K H C Y R E Z I Y X Z Y S
V I S L M L S X B L K O T K C E H P G
P H X R F O U L L I N E L T A S N K N
I O A E P T Q B L O L U Z P U U I A T
T B O T K V V X L L J F S H C G A Y L
G O E U A N F A E N G E R F E H L E R
W O O R X R G N C Y E Y K V T M H L K
N C W N A M L R G J F S I K Y Z O T H
F E X S P Z H O H B F B G B K Y X V W
W T J J P O R X Q O E K L L G G J X E C
F G H L X X G N U W H C S K C E U R B
N X X H H T P S C P X Z V P Q L U D X
L Z H A S V J B T O X T Z L I X M R W
C Z G E T B N H A B L E P P O D F W J
G F N S M F K H J L H D A L S I X Z Q
Q I F X K W N F E X M V Q S L F Z T B
P O Q B K W I R C R W U H N J H G I V
I Y S S K C O T S R E V O C A W X Y N
B R Q E W H W J E H L Z L J E T U E M
J X C P S F D I H L C L L U F L K O R
P F B X D C C G X O V W S S G G Q A S
```

J	P	C	X	S	F	G	C	N	L	P	V	C	P	H	M	X	M	J
E	N	J	H	G	K	H	J	F	E	K	P	D	U	J	U	O	S	P
D	K	E	U	X	A	D	T	Y	I	Q	G	W	D	F	Q	M	Q	T
J	O	M	J	F	R	J	S	W	P	S	D	T	K	M	E	H	V	E
M	Z	S	B	N	B	X	L	D	S	X	I	C	F	H	C	M	U	Z
Z	X	X	A	J	D	W	M	O	A	P	Q	O	P	S	S	V	F	P
E	U	T	U	N	D	W	C	W	G	S	T	Q	N	S	T	I	M	H
O	U	O	C	A	D	P	K	Y	I	K	S	U	R	J	Q	W	P	J
D	S	Z	L	O	X	I	J	O	L	P	W	R	Q	J	B	N	W	W
G	M	E	Y	V	A	I	N	W	N	K	B	S	I	P	L	W	W	W
E	W	Z	T	Z	M	N	P	G	C	D	A	Q	W	P	E	E	K	X
C	P	N	B	P	H	X	W	E	P	N	I	C	A	Z	H	T	I	V
B	S	B	W	R	R	P	U	B	P	R	N	T	V	E	K	T	D	K
R	B	Y	J	B	W	L	C	B	M	H	O	I	I	Z	G	B	S	B
K	G	K	E	F	G	N	N	E	M	I	I	C	W	O	F	E	H	P
T	F	U	P	Y	H	E	C	W	D	B	H	K	E	E	N	W	Z	R
P	S	H	B	B	G	C	R	U	J	J	O	B	R	S	G	E	I	Y
H	T	H	J	Z	E	R	X	P	N	U	G	W	K	F	S	R	L	F
D	E	M	A	G	F	I	T	N	E	S	S	D	C	W	W	B	T	V
R	G	H	O	E	O	K	U	Y	E	B	A	T	M	V	B	W	C	E
Q	V	M	F	I	N	G	E	R	T	I	P	M	B	K	G	F	S	A
O	B	R	J	B	J	L	T	W	N	T	Z	Z	L	Y	U	S	J	W
T	X	M	H	C	W	U	K	T	I	R	T	B	S	A	I	W	T	R
D	H	X	Z	Q	R	L	C	Y	K	R	F	H	I	K	X	M	M	Z

GEWINN
SANDINGPROCESS
FINGERTIP
GLUECKWUNSCH
GAME

KONDITION
LIGASPIEL
TAP
WETTBEWERB
FITNESS

Lösung

J P C X S F G C N L P V C P H M X M J
E N J H G K H J F E K P D U J U O S P
D K E U X A D T Y I Q G W D F Z Q M Q T
J O M J F R J S W P S D T K M E H V E
M Z S B N B X L D S X I C F H C M U Z
Z X X A J D W M O A P Q O P S S V F P
E U T U N D W C W G S T Q N S T I M H
O U O C A D P K Y I K S U R J Q W P J
D S Z L O X I J O L P W R Q J B N W W
G M E Y V A I N W N K B S I P L V V W
E W Z T Z M N P G C D A Q W P E E K X
C P N B P S H X W E P N I C A Z H T I V
B S B W R R P U B P R N T V E K T D K
R B Y J B W L C B M H O I I Z G B S B
K G K E F G N N E M I I C W O F E H P
T F U P Y Y H E C W D B H K E E N W Z R
P S H B B G C R U J J O B R S G E I Y
H T H J Z E R X P N U G W K F S R L F
D E M A G F I T N E S S D C W W B T V
R G H O E O K U Y E B A T M V B W C E
Q V M F I N G E R T I P M B K G F S A
O B R J D B J L T W N T Z Z L Y U S J W
T X T H C W U K T I R T B S A I W T D
D H X Z Q R L C Y K R F H I K X M M Z

N T T P P W L S C X L Q Z N Y C K C N
L Y G E J W C C Z V V B X U J V Y K Z
B L U L M S A T Z U X A C V Y G O A N
J Z U J M W E O X R U N T Y N P B V L
G O J M F A A J G E U D H V G L L O D
D Z N Q M M W T E A E E T P B U L U H
G L J S J X S N B S T P Y K N O X C X
E N O Z V O S T R F H T U C N H Y I L
E G J N L K C Y L M P X R Z Z K T E B
G Z J U D B U Y L A Y T W P E L M R K
S R M M H S S Q H M W A T Q C E T L L
D K M N Z I Z O Q N O Y T D L M I A B
Z R L C T F V T K D B I X S V A P K F
P Q D C C H D S D U Y H X J M R V C K
W N S P O S U A L P P A E K V F G N Q
S I P J R A J S R J A L F U K T W A G
H J L O K Q A X E E D I H E Z N Z S I
N H I F X H X R I J J F O W Q K Y A V
Y V T F I X H S N S G T Q F C S G Z W
S P D E Y W X E R D H S J S E S B O G
F Z D N A S Y P U H T O I T X B V W L
V X L E Z P A P T J V C W C O Y D R Y
S U F R C X H F S F S G G V H T B V R
T A P E I N S E R T N W S H W J K R T

10

OFFENER FRAME   BANDE
TAPEINSERT   TEAMS
SPLIT   LIFT
TURNIER   PIT
CUT   APPLAUS

Lösung

```
N  T  T  P  P  W  L  S  C  X  L  Q  Z  N  Y  C  K  C  N
L  Y  G  E  J  W  C  C  Z  V  V  B  X  U  J  V  Y  K  Z
B  L  U  L  M  S  A  T  Z  U  X  A  C  V  Y  G  O  A  N
J  Z  U  J  M  W  E  O  X  R  U  N  T  Y  A  N  P  B  V
G  O  J  M  F  A  A  J  G  E  U  D  H  V  G  L  L  O  D
D  Z  N  Q  M  M  W  T  E  A  E  E  T  P  B  U  L  U  H
G  L  J  S  J  X  S  N  B  S  T  P  Y  K  N  O  X  C  X
E  N  O  Z  V  O  S  T  R  F  H  T  U  C  N  H  Y  I  L
E  G  J  N  L  K  C  Y  L  M  P  X  R  Z  Z  K  T  E  B
G  Z  J  U  D  B  U  Y  L  A  Y  T  W  P  E  L  M  R  K
S  R  M  M  H  G  S  Q  N  M  W  A  T  Q  C  E  T  L  L
D  K  M  N  Z  I  Z  O  Q  N  O  Y  T  D  L  M  I  A  B
Z  R  L  C  T  F  V  T  K  D  B  I  X  S  V  A  P  K  F
P  Q  D  C  C  H  D  S  D  U  Y  H  X  J  M  R  V  C  K
W  N  S  P  O  S  U  A  L  P  P  A  E  K  V  F  G  N  Q
S  I  P  J  R  A  J  S  R  J  A  L  F  U  K  T  W  A  G
H  J  L  O  K  Q  A  X  E  E  D  I  H  E  Z  N  Z  S  I
N  H  I  F  X  H  X  R  I  J  J  F  O  W  Q  K  Y  A  V
Y  V  T  F  I  X  H  S  N  S  G  T  Q  F  C  S  G  Z  W
S  P  D  E  Y  W  X  E  R  D  H  S  J  S  E  S  B  O  G
F  Z  D  N  A  S  Y  P  U  H  T  O  I  T  X  B  V  W  L
V  X  L  E  Z  P  A  P  T  J  V  C  W  C  O  Y  D  R  Y
S  U  F  R  C  X  H  F  S  F  S  G  G  V  H  T  B  V  R
T  A  P  E  I  N  S  E  R  T  N  W  S  H  W  J  K  R  T
```

G D N G X Q G Z L Q E R F B T V A K W
N X Q W I I X X G O A I O E I L M V V
I P C U I O A G K Y F L R C M K X X D
N L H S H W A S H E D O U T R E R K C
I W N M H B Q X Q U B Z A L V E Q B F
A N M A T C H P L A Y V V E T W L J W
R T I A U F S T I E G Q Q N O T T Y P
T E R Z B M G O P J F V E S C Z R R Z
S N M F G E C V A C C N J E E S G E
S K M O N D W N O Q G E S T K H L Z W
E D Z D B P Y T W N R G W X Q A E H Y
N L H P Y S W W I I Z A H C J D P A R
T K D G E Z F L Q Z R R H E O H B K Z
I B A U C B W C U N G E V S K V J X O
F B V E B O J R T F I V M Q X B Q L G
O V C B B X N G I H B E I F K D E I B
Q C B Q G P Z V M U C L N O R A L O Y
U F D H H T E F D R W S H U R A P G A
D G U E D B X M E I T I J E J X X N S
P Z U V A D X R G A Q X Y X F U D O O
S J K G B P A J Z S X A Q I S S Y L Y
Q M G Y Z T G E S U N D H E I T G S R
P E I A I S R N U Z D L O I C F U L J
R R L O B G G S A L A G E A X E F U E

AXISLEVERAGE   FIVEBAGGER
GESUNDHEIT   AUFSTIEG
WASHEDOUT   RATIO
LONGOIL   BOWLINGCENTER
MATCHPLAY   FITNESSTRAINING

Lösung

G	D	N	G	X	Q	G	Z	L	Q	E	R	F	B	T	V	A	K	W
N	X	Q	W	I	I	X	X	G	O	A	I	O	E	I	L	M	V	V
I	P	C	U	I	O	A	G	K	Y	F	L	R	C	M	K	X	X	D
N	L	H	S	H	W	A	S	H	E	D	O	U	T	R	E	R	K	C
I	W	N	M	H	B	Q	X	Q	U	B	Z	A	L	V	E	Q	B	F
A	N	M	A	T	C	H	P	L	A	Y	V	V	E	T	W	L	J	W
R	T	I	A	U	F	S	T	I	E	G	Q	Q	N	O	T	T	Y	P
T	E	R	Z	B	M	G	O	P	J	F	V	E	S	C	Z	R	R	Z
S	N	M	F	E	G	E	C	V	C	A	C	C	N	J	E	E	S	E
S	K	M	O	N	D	W	N	O	Q	G	E	S	T	K	H	L	Z	W
E	D	Z	D	B	P	Y	T	W	N	R	G	W	X	Q	A	E	H	Y
N	L	H	P	Y	S	W	W	I	I	Z	A	H	C	J	D	P	A	R
T	K	D	G	E	Z	F	L	Q	Z	R	R	H	E	O	H	B	K	Z
I	B	A	U	C	B	W	C	U	N	G	E	V	S	K	V	J	X	O
F	B	V	E	B	O	J	R	T	F	I	V	M	Q	X	B	Q	L	G
O	V	C	B	B	X	N	G	I	H	B	E	I	F	K	D	E	I	B
Q	C	B	Q	G	P	Z	V	M	U	C	L	N	O	R	A	L	O	Y
U	F	D	H	H	T	E	F	D	R	W	S	H	U	R	A	P	G	A
D	G	U	E	D	B	X	M	E	I	T	I	J	E	J	X	X	N	S
P	Z	U	V	A	D	X	R	G	A	Q	X	Y	X	F	U	D	O	O
S	J	K	G	B	P	A	J	Z	S	X	A	Q	I	S	S	Y	L	Y
Q	M	G	Y	Z	T	G	E	S	U	N	D	H	E	I	T	G	S	R
P	E	I	A	I	S	R	N	U	Z	D	L	O	I	C	F	U	L	J
R	R	L	O	B	G	G	S	A	L	A	G	E	A	X	E	F	U	E

D	Z	T	H	X	W	O	D	I	I	T	K	Q	R	O	C	G	U	G
M	B	S	J	D	P	G	M	K	O	O	T	U	W	E	L	R	Q	V
S	V	I	L	X	S	O	R	R	E	K	Z	K	S	D	V	M	U	R
U	A	R	T	A	A	J	D	N	V	Y	S	J	I	P	O	Y	D	L
P	S	W	M	S	Y	R	I	Q	N	X	E	J	T	I	S	Q	L	U
P	X	E	S	F	M	G	G	A	M	E	L	Q	P	E	E	S	Q	P
O	G	F	T	U	S	P	Q	A	H	Z	C	I	R	D	Y	L	S	M
R	J	B	A	K	O	R	C	L	P	U	N	Z	W	T	T	I	G	Z
T	M	Z	E	I	E	B	Q	R	R	S	O	D	O	N	I	O	X	O
Q	C	G	X	P	J	K	Y	H	P	Q	M	B	F	D	R	T	G	H
R	E	R	L	G	Y	N	A	O	W	T	G	R	X	G	V	R	D	F
L	W	J	Q	F	N	W	T	B	G	X	R	D	D	C	G	O	F	U
J	N	Z	U	K	D	K	H	V	P	C	R	X	K	J	X	H	V	S
E	J	R	C	R	T	B	G	D	I	E	E	I	V	K	P	S	P	O
H	Q	I	L	B	L	Z	Y	Y	I	D	I	V	A	P	M	I	D	I
R	U	T	K	M	K	T	X	N	H	W	H	A	D	S	E	K	D	C
X	B	C	M	T	Z	U	I	Q	E	K	E	I	B	L	R	H	Q	L
B	I	F	F	G	A	L	Q	Z	S	D	H	M	W	J	J	B	B	E
M	Z	M	B	M	L	Z	T	Q	M	W	S	U	U	P	N	I	W	A
Q	C	Q	U	U	P	L	Z	D	M	M	R	D	D	E	W	A	O	N
K	R	N	O	I	B	G	R	F	L	F	Z	B	R	Y	I	R	P	H
G	L	F	C	E	T	W	U	V	I	L	M	Z	F	E	I	W	W	S
K	Q	F	X	E	A	X	N	J	J	S	H	I	N	S	E	R	T	S
A	E	I	I	H	F	B	K	H	I	X	I	M	A	D	E	G	F	P

12

SPIELWURF

KOENIGSKEGEL

WRIST SUPPORT

CLEAN GAME

REIHE

FOULLINIE

SHORTOIL

SPAN

INSERTS

PINSPOT

Lösung

D Z T H X W O D I I T K Q R O C G U G
M B S J D P G M K O O T U W E L R Q V
S V I L X S O R R E K Z K S D V M U R
U A R T A A J D N V Y S J I G O Y D L
P S W M S Y R I Q N X E J T I S Q L U
P X E S F M G G A M E L Q P E E S Q P
O G F T U S P Q A H Z C I R D Y L S M
R J B A K O R C L P U N Z W T T I G Z
T M Z E I E B Q R R S O D O N I O X O
Q C G X P J K Y H P Q M B F D R T G H
R E R L G Y N A O W T G R X G V R D F
L W J Q F N W T B G X R D D C G O F U
J N Z U K D C H V P C R X K J X H V S
E J R C R T B G D I E E I V K P S P O
H Q I L B L Z Y Y I D I V A P M I D I
R U T K M K T X N H W H A D S E K D C
X B C M T Z U I Q E K E I B L R H Q L
B I F F G A L Q Z S D H M W J J B B E
M Z M B M L Z T Q M W S U U P N I W A
Q C Q U U P L Z D M R D D E W A O N
K R N O I B G R F L F Z B R Y I R P H
G L F C E T W U V I L M Z F E I W W S
K Q F X E A X N J J S H I N S E R T S
A E I I H F B K H I X I M A D E G F P

K X P Y P D M O G U N T R E G A X F A
S F M C I S C S E G T U R S K W J E A
R S P V S M E F L E W T K E M A S A S
O P E N G R T Z D E E K Z P N E P T T
L W J Z L E J Y S Y G K R K U U R J C
A Z W R O R H C M H P N Y Q W I E A V
M E F Z P R O M C S Y R O V K T K N E
D M S I O T P N K Q F E M E M P Z F Q
P O T F C E E R R Z L Z P J M G D E X
T P U H S N M I E M W M P Q Z L T L B
C L Q B H R T B A I B O Z G R M G R P
D B S E L V U S O A L Y W U T D G U U
G R D T O E C S M N Q O S K O L N O L
X E U C R H M H A X A W P G B K B T B
N T J N I R E N A A F D M I T O A N S
C N J N I R W T F R N K L E I J Z O U
V U E F O P N H Z N N W Z K D S G J K
K O R D N O G W X S V A U K E V W K W
R C Y P Q W M N T C H Y V R J Q S L I
Z Q Z H I S G H I L J O F K F S C V Y
D O P P N Z A B D K Z R S R Y K T Q X
U H K T R E U Q R O T E R O C A Z C H
W Z R Y L E F A U C N O A V L E L D U
U S H I C H K C X X I G C A R V X S F

13

PUNKTEZAHL

DEHNEN

NEUNER ANWURF

POLIERPROZESS

KINGPIN

OELMASCHINE

STRIKE

COUNTER

SCOTCH DOUBLE

CORETORQUE

Lösung

```
K X P Y P D M O G U N T R E G A X F A
S F M C I S C S E G T U R S K W J E A
R S P V S M E F L E W T K E M A S A S
O P E N G R T Z D E E K Z P N E P T T
L W J Z L E J Y S Y G K R K U U R J C
A Z W R O R H C M H P N Y Q W I E A V
M E F Z P R O M C S Y R O V K T K N E
D M S I O T P N K Q F E M E M P Z F Q
P O T F C E E R R Z L Z P J M G D E X
T P U H S N M I E M W M P Q Z L T L B
C L Q B H R T B A I B O Z G R M G R P
D B S E L V U S O A L Y W U T D G U U
G R D T O E C S M N Q O S K O L N O L
X E U C R H M H A X A W P G B K B T B
N T J N I R E N A A F D M I T O A N S
C N J N I R W T F R N K L E I J Z O U
V U E F O P N H Z N N W Z K D S G J K
K O R D N O G W X S V A U K E V E K W
R C Y P Q W M N T C H Y V R J Q S L I
Z Q Z H I S G H I L J O F K F S C V Y
D O P P N Z A B D K Z R S R Y K T Q X
U H K T R E U Q R O T E R O C A Z C H
W Z R Y L E F A U C N O A V L E L D U
U S H I C H K C X X I G C A R V X S F
```

W M B K Y N H N K W L E F B T Q T Z K
X M K E C C G C I A N W U R F G T C M
X U S G G N A B Q G J E E B T O W M P
N K T Q G M C E L T T I K S B D V C W
Q J R F R I C T I O N W B J Q W T F L
B F A W A Z T A W H F N U C T H B M K
P I I N M P Z C Q U F I M A A R R T Q
H U G Z C J P N B K X K V T S H Z C X
Q F H P I N S T E L L U N G J R A P K
B W T V D N W X S V E Z L F G H X N Z
C C B N X M L I H N U A P N J V E W G
K Z A K A F I N I M R U W H G Q C O
X Q L A L F I C P E U T K O J Q R H H
J A L X U O Q E R U S O Y F O Q Q H E
V D O E X G J I P E M F Y K A E U S K
U H M N B J K T U Y A H C H H B M V P
O T I F T A O R N I U F J O E D Y R F
E Z C Z N H S O M A E K L K A U W F L
K C Q I K U M H T P P W I Z P N X J Y
A X S N A Y Z C X P V P P F F H Z P V
G C D J I B A L L R U E C K G A B E E
H O P L Y G J D Y K G Y D M N T P M Y
L D I F O A H W M U Y C P T Y X S B
X W R D F V G E U G F N T U D O C U A

14

PINSTELLUNG

AMERIKANISCH

STRAIGHTBALL

PAR

WIBC

SKITTLE

FRICTION

AUSRUESTUNG

ANWURF

BALLRUECKGABE

Lösung

```
W M B K Y N H N K W L E F B T Q T Z K
X M K E C C G C I A N W U R F G T C M
X U S G G N A B Q G J E E B T O W M P
N K T Q G M C E L T T I K S B O V C W
Q J R F R I C T I O N W B J Q W T F L
B F A W A Z T A W H F N U C T H B M K
P I I N M P Z C Q U F I M A A R R T Q
H U G Z C J P N B K X K V T S H Z C X
Q F H P I N S T E L L U N G J R A P K
B W T V D N W X S V E Z L F G H X N Z
C C B N X M L I H N U A P N J V E W G
K Z A K A F I N I N M R U W H G Q C O
X Q L A L F I C P E U T K O J Q R H H
J A L X U O Q E R U S O Y F O Q Q H A
V D O E X G J I P E M F Y K A E U S K
U H M N B J K T U Y A H C H H B M V P
O T I F T A O R N I U F J O E D Y R F
E Z C Z N H S O M A E K L K A U W F L
K C Q I K U M H T P P W I Z P N X J Y
A X S N A Y Z C X P V P P F F H Z P V
G C D J I B A L L R U E C K G A B E E
H O P L Y G J D Y K G Y D M N T P M Y
L D I F O A H Y H W M U Y C P T Y X S B
X W R D F V G E U G F N T U D O C U A
```

P A Q P B L K N Q C V P E V R U K T G
L F V J X X M V R M F O O B T R Y U M
L O W O L W V B S R W W F D R E Z R H
Z J I R U X O X D E O V I W Q T S K R
X J N U K T C V V Y I H B S X U Z E R
X Z H P O T C K P B C B D M B R Z Y T
K R Y Q X V D H P D G S T Y C N S D L
O B P G V J E P L E C T C M Y A D G Z
F R G W C L B L L J K I K T Q J Y M O
P Z R B A A S H P T J I K K V K K I L
L S M K F F S E N Z T N R Z M Y M Q T
U C M W K J T K G E U A A T R B E R B
V B O L M Q G O E P A D S Y S Q E R V
R Y B E W J Z I L O F Y B F Y L Y F T
H E A D P I N L B V S N R L E Y P W R
C C E P I U U G D V O H C I F E X U A
X Y Q Y B N S I H S B C P P O F R J I
C Y V D U H Q W E R I S E L N K T T N
X R R F A S L H N O D G X F O G F K I
B P G F X F I Q U N M I C H X M C H N
B B J H K T E R I I J G N S L R Q W G
I G H C G V M L Z I F V L X J F I X Q
J H I M H J B R D C W J Q Q X G L P V
F I D Y K H M J R P Q E X Q K G L M N

15

TURKEY

STRIKE

HEADPIN

NOSEHIT

NULLPUNKT

BLINDSPIELER

KURVE

TRAINING

LFV

RETURN

Lösung

```
P A Q P B L K N Q C V P E V R U K T G
L F V J X X M V R M F O O B T R Y U M
L O W O L W V B S R W W F D R E Z R H
Z J I R U X O X D E O V I W Q T S K R
X J N U K T C V V Y I H B S X U Z E R
X Z H P O T C K P B C B D M B R Z Y T
K R Y Q X V D H P D G S T Y C N S D L
O B P G V J E P L E C T C M Y A D G Z
F R G W C L B L L J K I K T Q J Y M O
P Z R B A A S H P T J I K K V K K I L
L S M K F F S E N Z T N R Z M Y M Q T
U C M W K J T K G E U A A T R B E R B
V B O L M Q G O E P A D S Y S Q E R V
R Y B E W J Z I L O F Y B F Y L Y F T
H E A D P I N L B V S N R L E Y P W R
C C E P I U U G D V O H C I F E X U A
X Y Q Y B N S I H S B C P P O F R J I
C Y V D U H Q W E R I S E L N K T T N
X R R F A S L H N O D G X F O G F K I
B P G F X F I Q U N M I C H X M C H N
B B J H K T E R I I J G N S L R Q W G
I G H C G V M L Z I F V L X J F I X Q
J H I M H J B R D C W J Q Q X G L P V
F I D Y K H M J R P Q E X Q K G L M N
```

L L O K H H C Q P R T O F F X Y B A F
P I N R A A F M Y V F O U Q G H B H N
E Y I I S N G X H M X E S G J B N E V
U Y U N X A K I M P O Z M P U V A C P
Y M L N E A W H L O R R W O K T I J B
K B X E G D S A D S M C Q L L Z C F T
L V B Z D H D C P P U Q A V X E S E R
X V X J I T G Z I G W A M E H X B L N
E D W U R N G Z X A T O H Z J H K C M
M E P L B I H I C D R R E B F Q P Q Y
C L H W E A R H K B S C G Y S R Y E K
E G T Q B I C C N U Y P N G P B O R S
A P M F E Q P S E X Q K I V E P E M K
T J L B V N E S S Z K T P B C T V G I
T I V F K K G S G C G K E X I G E X K
T K A S A J Q B U N J O N G P F A B K
U D U S S F Q R D W I A I C R U U M I
F R B V B N E T H L C L N L I A E S Q
P Z O U Y L C L L V A N W Q M L E U C
P K B D V D K G C I V K G O L N K G L
U Y B L E V F A S D N U O B B A T Z U
J R W G F W J G L N Y C U C L S R W J
A Z B L S E P E C A B G T D S C C Q B
U D U L P L H J M E Y S U I H M E F X

16

EUC	BOWLINGSPIEL
BRIDGE	PIN
ANLAUF	HAUSLIGA
DBU	RINNE
OUT OF BOUNDS	NINEPIN

Lösung

L	L	O	K	H	H	C	Q	P	R	T	O	F	F	X	Y	B	A	F
P	I	N	R	A	A	F	M	Y	V	F	O	U	Q	G	H	B	H	N
E	Y	I	I	S	N	G	X	H	M	X	E	S	G	J	B	N	E	V
U	Y	U	N	X	A	K	I	M	P	O	Z	M	P	U	V	A	C	P
Y	M	L	N	E	A	W	H	L	O	R	R	W	O	K	T	I	J	B
K	B	X	E	G	D	S	A	D	S	M	C	Q	L	L	Z	C	F	T
L	V	B	Z	D	H	D	C	P	P	U	Q	A	V	X	E	S	E	R
X	V	X	J	I	T	G	Z	I	G	W	A	M	E	H	X	B	L	N
E	D	W	U	R	N	G	Z	X	A	T	O	H	Z	J	H	K	C	M
M	E	P	L	B	I	H	I	C	D	R	R	E	B	F	Q	P	Q	Y
C	L	H	W	E	A	R	H	K	B	S	C	G	Y	S	R	Y	E	K
E	G	T	Q	B	I	C	C	N	U	Y	P	N	G	P	B	O	R	S
A	P	M	F	E	Q	P	S	E	X	Q	K	I	V	E	P	E	M	K
T	J	L	B	V	N	E	S	S	Z	K	T	P	B	C	T	V	G	I
T	I	V	F	K	K	G	S	G	C	G	K	E	X	I	G	E	X	K
T	K	A	S	A	J	Q	B	U	N	J	O	N	G	P	F	A	B	K
U	D	U	S	S	F	Q	R	D	W	I	A	I	C	R	U	U	M	I
F	R	B	V	B	N	E	T	H	L	C	L	N	L	I	A	E	S	Q
P	Z	O	U	Y	L	C	L	L	V	A	N	W	Q	M	L	E	U	C
P	K	B	D	V	D	K	G	C	I	V	K	G	O	L	N	K	G	L
U	Y	B	L	E	V	F	A	S	D	N	U	O	B	B	A	T	Z	U
J	R	W	G	F	W	J	G	L	N	Y	C	U	C	L	S	R	W	J
A	Z	B	L	S	E	P	E	C	A	B	G	T	D	S	C	C	Q	B
U	D	U	L	P	L	H	J	M	E	Y	S	U	I	H	M	E	F	X

Y S C E V E P V V T O P A D E E W P U
J I Y Q L C V A Z P Z D V E E P U G P
S S E Z O R P F I E L H C S I T Q T I
W V C F S T Q Q S O B A L L T R A C K
G F V Z D F Z V H J N O N V O M Y U M
E S N O M Y H E L I C O P T E R T H S
C S W R O W J A C P X P I V W A Y U Z
C E S H M O T V B Y H K N E P T N N Z
U L D A I M X I Q T X R S E S O M Z D
D S M P G B A Q X S E F E F B L A O M
A N Z Q V E S C R R R T T K N B Y E V
E N P B G J K X H E J O T V Z D T A T
H L Q E A L P I D V L T E S R R U H A
U M H W B Q N B R R I H R N O E G N M
E R Q L U R T G M T E T E U D U F O K
V O J X I R I S B X S G Q F R U O P V
P J C V A M Q C H O C F G R R Y I S Q
O B I N G U G V E Z V U Y A L O W J C
I F A I C Y A A L I G C X E B J X H P
O V I E F D Z E R Z P E K X B O L S R
H U L Y Q E M N A E F F G J E R J F A
V N S R B X Y J E D U W C C S Z A D Y
S P C Z V T O P V K C E D N I P I T Y
G K I A Y F B D G F Z P Y M J V E G G

17

STRIKEGASSE
BALLTRACK
BONUS
SCHLEIFPROZESS
PINSETTER

PINDECK
TAPE
BAGGER
HELICOPTER
FEHLER

Lösung

Y S C E V E P V V T O P A D E E W P U
J I Y Q L C V A Z P Z D V E E P U G P
S S E Z O R P F I E L H C S I T Q T I
W V C F S T Q Q S O B A L L T R A C K
G F V Z D F Z V H J N O N V O M Y U M
E S N O M Y H E L I C O P T E R T H S
C S W R O W J A C P X P I V W A Y U Z
C E S H M O T V B Y H K N E P T N N Z
U L D A I M X I Q T X R S E S O M Z D
D S M P G B A Q X S E F E F B L A O M
A N Z Q V E S C R R R T T K N B Y E V
E N P B G J K X H E J O T V Z D T A T
H L Q E A L P I D V L T E S R R U H A
U M H W B Q N B R R I H R N O E G N M
E R Q L U R T G M T E T E U D U F O K
V O J X I R I S B X S G Q F R U O P V
P J C V A M Q C H O C F G R R Y I S Q
O B I N G U G V E Z V U Y A L O W J C
I F A I C Y A A L I G C X E B J X H P
O V I E F D Z E R Z P E K X B O L S R
H U L Y Q E M N A E F F G J E R J F A
V N S R B X Y J E D U W C C S Z A D Y
S P C Z V T O P V K C E D N I P I T Y
G K I A Y F B D G F Z P Y M J V E G G

A W J J M H F Y J O C W C B G H Z Y X
N I P K C E K R I G S W A N A J K Z A
E E D G J J J I X G C C U N Z S O U Y
C Z W E J K S X W A H G C K Q Q W O O
T F C Q K S C E R T E V F Z J G P N N
O Z V R T Z M G U W S N I S C V Y V U
E J P D U U L W E R T F I S H Z W Y P
B Z C J L S L B F D O J J H W U A N V
A S F W Z H L B S Z N P T W T I G I G
C U T B S E H X M B U A G N K N I L
L C B W D B R O B F N O A E U P X A V
B S J N T K X J N U N L R E I E I I B
T V E Y T O F M P S R M O E V S C N R
J P I S J U C V E X B A C P H E C V Y
M Z X E L Q U L P W B F I A P T B H S
A Y Y G Y P R T X F R N Y O W F W H F
B N E P O X V V V L S Q C A F F Z Z K
D E E F N M E C R T X K S O C V O G E
V G F A C N X F X I E B R T L B D Y P
J I R Y Z F J C G T O J E G K E I P Z
V G D H X B M Z C W P F P J N D D E S
T C H L Y A X D L B I L C X A S S U D
G T F G T H I E I Z H H T W S G Y O P
S T A T L N R L G L B D Y E D O S B Y

18

EUROPAEISCH
ECKPIN
PINS
DOSB
IN THE POCKET

CURVE
BAHN
OPEN BOWLER
PUDEL
PENDELBEWEGUNG

Lösung

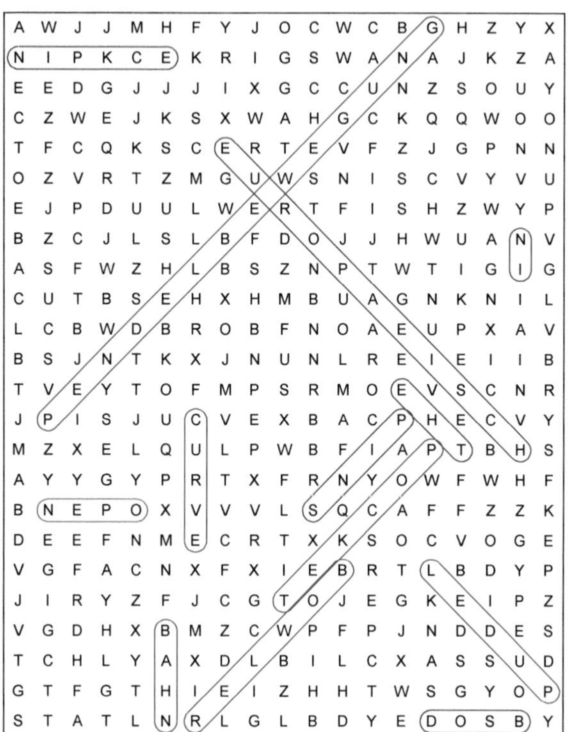

DAS

SCHWIMMSPORT

WORTSUCHRÄTSEL BUCH

N	E	Q	Z	K	I	N	E	T	O	N	M	Q	M	U	X	Y	G	E
B	A	U	C	H	L	A	G	E	A	S	E	L	B	C	H	F	Y	S
D	B	O	H	C	X	W	V	C	J	Z	P	M	R	T	A	A	W	A
Z	X	N	B	I	F	T	Q	U	P	R	E	A	M	R	B	L	Z	H
O	B	Q	K	K	F	P	Q	E	G	A	Y	S	S	I	Q	D	H	P
Y	A	X	R	S	G	I	S	U	Q	W	L	C	V	X	W	P	L	R
R	P	V	T	Z	S	T	T	E	L	W	R	H	X	P	A	H	C	E
W	C	G	B	N	I	Y	A	O	W	M	K	M	Q	M	T	G	C	S
A	W	C	G	K	G	I	R	K	G	I	T	E	D	B	K	W	E	S
S	X	T	D	B	T	U	T	K	N	A	L	T	I	I	R	Y	T	A
S	E	W	Z	L	Z	V	P	M	U	U	T	T	I	S	F	W	V	W
E	O	J	O	O	Z	L	O	K	H	F	X	E	F	Q	Y	U	P	R
R	R	B	J	E	G	D	S	U	E	G	Y	R	D	H	V	T	Y	E
G	U	X	R	C	M	J	I	A	R	A	S	L	N	A	C	V	D	B
E	C	A	C	K	N	W	T	C	D	B	O	I	L	N	G	M	D	E
F	Y	A	K	E	P	V	I	P	R	E	P	N	I	V	Z	X	N	U
U	Y	X	O	W	Z	F	O	W	E	U	Y	G	J	S	A	I	C	J
E	E	H	V	S	X	K	N	A	P	I	C	S	S	D	O	U	P	Q
H	O	U	Q	A	P	G	C	R	R	T	L	U	A	O	J	A	T	W
L	E	Z	A	S	Y	N	S	M	E	W	A	S	H	W	B	N	X	E
T	L	K	S	P	L	B	P	U	O	C	X	W	O	Y	T	K	Z	B
U	V	M	C	S	Q	G	W	P	K	S	L	L	J	D	C	A	L	A
I	O	T	Y	X	R	A	N	P	R	X	A	E	M	J	Y	C	E	H
A	W	N	O	M	O	T	K	A	O	T	I	N	W	U	T	B	V	N

1

UEBERWASSERPHASE   KOERPERDREHUNG

AUFGABE   STARTPOSITION

WARMUP   WGASSERGEFUEHL

BLOECKE   BAUCHLAGE

SCHMETTERLINGS SCHWIMMEN   BAHN

Lösung

```
N E Q Z K I N E T O N M Q M U X Y G E
B A U C H L A G E A S E L B C H F Y S
D B O H C X W V C J Z P M R T A A W A
Z X N B I F T Q U P R E A M R B L Z H
O B Q K K F P Q E G A Y S S I Q D H P
Y A X R S G I S U Q W L C V X W P L R
R P V T Z S T T E L W R H X P A H C E
W C G B N I Y A O W M K M Q M T G C S
A W C G K G I R K G I T E D B K W E S
S X T D B T U T K N A L T I I R Y T A
S E W Z L Z V P M U U T T I S F W V W
E O J O O Z L O K H F X E F Q Y U P R
R R B J E G D S U E G Y R D H V T Y E
G U X R C M J I A R A S L N A C V D B
E C A C K N W T C D B O I L N G M D E
F Y A K E P V I P R E P N I V Z X N U
U Y X O W Z F O W E U Y G J S A I C J
E E H V S X K N A P I C S S D O U P Q
H O U Q A P G C R R T L U A O J A T W
L E Z A S Y N S M E W A S H W B N X E
T L K S P L B P U O C X W O Y T K Z B
U V M C S Q G W P K S L L J D C A L A
I O T Y X R A N P R X A E M J Y C E H
A W N O M O T K A O T I N W U T B V N
```

UNTERWASSERPHASE

ENTSCHEIDUNG

ERHOLUNG

ARMARBEIT

BELO

SCHWIMMHALLE

ZEITLUPE

TRAINING

SEITLAGE

VERWARNUNG

Lösung

```
J  H  R  L  D  K  Y  O  S  I  N  Y  Y  Q  V  T  G  G  E
U  W  K  J  D  I  H  B  E  A  E  Y  G  F  E  T  I  C  S
B  T  B  R  X  Y  M  M  T  R  A  I  N  I  N  G  O  F  A
E  B  V  B  O  Q  R  F  G  D  Y  P  T  H  L  T  K  U  H
F  U  H  W  W  X  M  W  N  V  K  Q  R  V  F  W  J  P  P
W  X  I  I  B  Y  J  T  I  E  B  R  A  M  R  A  I  Z  R
V  K  G  K  C  O  H  M  G  K  F  A  V  B  C  Z  O  S  E
X  T  S  S  C  Q  T  E  T  N  L  I  B  B  O  T  C  B  S
V  M  N  A  S  B  A  E  C  Q  U  J  J  Z  T  H  E  H  S
J  W  P  L  C  F  U  O  F  D  Y  N  D  M  W  X  N  X  A
H  I  U  U  A  A  K  K  H  S  N  E  R  I  D  T  T  Q  W
K  H  D  S  P  F  E  E  V  V  G  U  M  A  I  O  S  Y  R
R  F  O  L  D  G  Y  Q  W  A  P  M  O  N  W  G  C  G  E
W  U  A  K  W  X  M  R  L  E  H  A  N  I  S  R  H  X  T
A  F  B  J  M  B  A  T  R  A  Y  Q  J  Q  R  F  E  I  N
A  B  E  L  O  Z  I  J  L  C  B  W  K  D  P  C  I  V  U
B  X  G  B  H  E  A  L  G  H  V  H  P  E  H  D  D  O  R
L  H  X  D  S  I  E  R  H  O  L  U  N  G  V  V  U  Z  D
O  M  I  W  K  T  L  B  V  V  Y  Y  N  J  O  P  N  X  L
S  J  B  F  W  L  Q  U  M  U  W  R  U  H  D  J  G  U  R
E  C  Y  C  G  U  I  N  U  S  A  Z  Y  H  P  S  S  T  B
H  C  D  H  Q  P  X  N  H  Q  N  D  Q  K  L  W  B  I
T  Z  C  Z  Y  E  H  U  R  J  S  W  W  G  M  M  J  L  A
S  T  U  J  P  S  U  B  A  G  T  D  B  G  J  Z  K  U  J
```

D	V	I	I	Q	Z	W	H	V	Y	E	B	E	B	Q	O	H	Z	F
N	G	G	Y	Y	R	C	X	U	X	Y	W	M	S	M	N	S	P	X
Z	U	G	F	R	E	Q	U	E	N	Z	G	K	C	Y	G	Y	L	A
W	P	E	O	J	U	W	I	E	P	X	R	S	Z	L	N	R	B	B
S	M	I	Y	N	C	M	W	T	Z	B	L	J	T	I	X	S	Y	T
A	P	D	B	A	H	N	L	A	E	N	G	E	H	I	A	C	F	B
H	J	O	J	L	T	E	K	P	I	U	S	P	B	P	L	F	A	S
I	V	E	Q	V	C	E	N	E	K	Y	L	Q	W	E	T	A	E	M
Z	W	I	S	K	D	J	O	M	U	E	Q	P	J	R	S	Y	Z	R
E	W	Y	P	G	L	R	P	N	D	S	I	V	D	W	V	R	W	C
A	N	I	L	P	U	N	W	A	X	H	J	R	P	J	S	N	Z	J
W	D	N	A	W	N	N	E	R	T	H	D	P	T	Z	D	H	U	A
C	J	Y	Z	T	H	T	N	P	O	O	P	U	I	L	B	T	G	G
K	Q	T	W	C	Z	Z	R	N	Y	M	K	Y	B	R	G	B	F	B
Y	B	T	A	Z	N	E	M	M	I	W	H	C	S	T	S	U	R	B
Z	L	E	B	N	G	Z	Y	E	R	C	D	E	M	B	V	P	L	G
C	C	N	C	F	T	S	P	A	O	U	H	X	C	D	V	M	L	B
R	E	S	S	A	W	I	E	R	F	U	T	J	H	X	R	O	R	R
A	W	Z	J	K	L	X	C	E	U	L	F	H	P	C	R	B	N	W
E	K	F	T	V	P	W	C	U	Q	U	E	M	Z	E	I	W	G
Z	N	A	T	S	I	D	N	E	D	N	U	R	A	A	I	L	G	G
L	P	G	D	C	C	B	K	G	U	Q	W	M	E	Q	W	E	W	R
S	S	D	Z	C	O	O	L	D	O	W	N	I	T	Z	R	U	T	O
Q	X	R	B	D	I	J	D	I	G	R	S	K	C	Z	R	P	G	Z

3

MOBILE TRENNWAND   ZUGFREQUENZ

FREIWASSER   DELPHIN

BRUSTSCHWIMMEN   STIL

RUNDENDISTANZ   BAHNLAENGE

ZUG   COOLDOWN

Lösung

```
D V I I Q Z W H V Y E B E B Q O H Z F
N G G Y Y R C X U X Y W M S M N S P X
Z U G F R E Q U E N Z G K C Y G Y L A
W P E O J U W I E P X R S Z L N R B B
S M I Y N C M W T Z B L J T I X S Y T
A P D B A H N L A E N G E H I A C F B
H J O J L T E K P I U S P B P L F A S
I V E Q V C E N E K Y L Q W E T A E M
Z W I S K D J O M U E Q P J R S Y Z R
E W Y P G L R P N D S I V D W R W C
A N I L P U N W A X H Z R P J S N Z J
W D N A W N N E R T H D P T Z D H U A
C J Y Z T H T N P O O P U I L B T G G
K Q T W C Z Z R N Y M K Y B R G B F B
Y B T A Z N E M M I W H C S T S U R B
Z L E B N G Z Y E R C D E M B V P L G
C C N C F T S P A O U H X C D V M L B
R E S S A W I E R F U T J H X R O R R
A W Z J K L X C E U L F H P C R B N W
E K F T V P W V C U Q E M Z E I W G
Z N A T S I D N E D N U R A A I L G G
L P G D C C B K G U Q W M E Q W E W R
S S D Z C O O L D O W N I T Z R U T O
Q X R B D I J D I G R S K C Z R P G Z
```

G	X	L	A	A	P	K	H	K	C	Y	B	S	T	E	M	F	S	W
N	Z	M	U	V	M	F	N	E	L	U	A	R	K	D	E	M	T	S
I	T	X	S	E	H	M	R	Z	E	F	E	U	R	S	Z	M	F	Z
N	K	R	T	N	O	N	V	J	U	I	I	G	A	E	N	N	Q	J
I	U	M	R	I	R	L	T	A	E	J	R	H	F	G	E	T	S	Q
A	G	R	A	G	C	C	L	Q	H	T	Q	I	T	L	R	W	J	U
R	M	N	G	C	T	I	E	X	F	Y	N	Q	T	O	G	J	P	J
T	G	P	U	X	V	L	D	L	K	A	O	M	R	F	Z	L	P	W
R	A	P	N	R	Q	E	K	D	S	R	A	R	A	N	R	E	J	Q
E	R	I	G	O	P	Q	B	E	N	C	O	O	I	E	E	G	O	R
U	W	D	S	J	S	S	N	Q	G	B	Z	F	N	H	M	F	X	V
A	Z	L	O	D	S	K	T	U	Z	T	E	N	I	I	H	O	H	W
D	I	N	R	W	L	V	H	R	V	W	V	E	N	E	C	M	B	J
S	G	P	T	A	T	A	Y	I	A	U	Y	I	G	R	S	R	D	Q
U	D	Q	M	O	K	A	F	I	M	T	L	N	L	N	R	M	V	O
A	P	M	I	C	S	A	H	X	R	B	S	I	J	E	T	F	D	J
I	E	V	J	C	C	W	D	P	U	P	E	L	Q	G	C	G	I	T
R	I	G	C	C	U	U	X	H	O	L	W	M	R	A	G	O	U	L
X	B	S	R	X	L	S	X	X	L	R	Q	O	O	L	J	N	I	Z
T	N	V	U	H	N	B	T	N	Z	V	C	R	V	C	V	M	C	Y
K	R	R	A	B	G	A	T	X	G	N	N	T	Y	M	F	M	L	M
M	E	F	T	X	S	P	B	Q	M	P	T	S	B	I	F	F	Z	L
S	Y	J	W	K	K	M	J	K	Z	A	E	S	O	S	R	G	I	L
U	H	C	V	E	U	V	L	M	E	H	O	B	F	B	X	O	Z	N

STARTSPRUNG

KRAULEN

KRAFTTRAINING

STROMLINIENFORM

AUSTRAGUNGSORT

NASENKLAMMER

LAUF

SCHMERZGRENZE

AUSDAUERTRAINING

LAGENREIHENFOLGE

Lösung

```
G X L A A P K H K C Y B S T E M F S W
N Z M U V M F N E L U A R K D E M T S
I T X S E H M R Z E F E U R S Z M F Z
N K R T N O N V J U I I G A E N N Q J
I U M R I R L T A E J R H F G E T S Q
A G R A G C C L Q H T Q I T L R W J U
R M N G C T I E X F Y N Q T O G J P J
T G P U X V L D L K A O M R F Z L P W
R A P N R Q E K D S R A R A N R E J Q
E R I G O P Q B E N C O O I E E G O R
U W D S J S S N Q G B Z F N H M F X V
A Z L O D S K T U Z T E N I I H O H W
D I N R W L V H R V W V E N E C M B J
S G P T A T A Y I A U Y I G R S R D Q
U D Q M O K A F I M T L N L N R M V O
A P M I C S A H X R B S I J E T F D J
I E V J C C W D P U P E L Q G C G I T
R I G C C U U X H O L W M R A G O U L
X B S R X L S X X L R Q O O L J N I Z
T N V U H N B T N Z V C R V C V M C Y
K R R A B G A T X G N N T Y M F M L M
M E F T X S P B Q M P T S B I F F Z L
S Y J W K K M J K Z A E S O S R G I L
U H C V E U V L M E H O B F B X O Z N
```

Y F L W E Q Z Z G P R M T F V D G J B
G P F Z L T G A L Y R L J V A O U S U
N L B Q I Z J Q V U S E S F Z V W V A
U Z A R V O B U G Q C M R Q O Q V W O A
B F W M B P R W U S H M E W F D X N U
E I F Q B M M V Z V W U C I N Q N V F
U T M G W E I C M Z I D N A R Y L F Y
N N C N A T X T R A M D R L N J O I C
E E I U I M N X A G M W Z V J E Z X F
K S F R V M B A O A E N M Q C U B J W
C S W H R I J N G W R D W L K S V O G
O A R E S W N I N T Z C U N N P X P J
R Y W A Y H B R B M Y W J S J Z Q N J
T J D N W C Z X G J W P D K O R L K G
M A V R J S O A K I O R C H J U B P A
G O J E Y I E A O U O N O F U C D T F
E O W C H P D M V Q U I C S U Z U L I
W V X N D Y Y B C N O O L X A G W N
O J W Q E X N B W H V U K P X A G W U A
E I B H W E Y X C A E V A C Y R L H F
V B E I N S C H L A G S A T K X E R N
B S B Y V R P Z R E K O R D D X I I L
Y O E V H C S L H I U N C F O W Y B B
K X W I D V F P O V N X T Z Z F F V T

5

FINA
SCHWIMMTEMPO
FITNESS
ARMZUG
REKORD

SCHWIMMER
BEINSCHLAG
ERNAEHRUNG
TROCKENUEBUNG
VON OBEN

Lösung

```
Y F L W E Q Z Z G P R M T F V D G J B
G P F Z L T G A L Y R L J V A O U S U
N L B Q I Z J Q V U S E S F Z V W V A
U Z A R V O B U G Q C M R Q Q V W O A
B F W M B P R W U S H M E W F D X N U
E I F Q B M M V Z V W U C I N Q N V F
U T M G W E I C M Z I D N A R Y L F Y
N N C N A T X T R A M D R L N J O I C
E E I U I M N X A G M W Z V J E Z X F
K S F R V M B A O A E N M Q C U B J W
C S W H R I J N G W R D W L K S V O G
O A R E S W N I N T Z C U N H V X P J
R Y W A Y H B R B M Y W J S J Z Q N J
T J D N W C Z X G J W D K O R L K G
M A V R J S O A K I O R C H J U B P A
G O J E Y I E A O U O N O F U C D T F
E O W C H P D M V Q U I C S U Z U L I
W V X N N D Y Y B C N O O L X A G W N
O J W Q E X N B W H V E P X G W U A
E I B H W E Y X C A E V A C Y R L H F
V B E I N S C H L A G S A T K X E R N
B S B Y V R P Z R E K O R D D X I I L
Y O E V H C S L H I U N C F O W Y B B
K X W I D V F P O V N X T Z Z F F V T
```

L D V W M T S A T R L O S G W O U Q H
F C C P H I X M O D K F W W E R N Y V
I P Z E S M O M Q Y N M W G O X H W O
L X A B M F X B O N Z Q E H U S A I U
A E H R F Q W U E X J L T E S P B Q E
T R F D A Y B G P C Y O T F Z M Z R B
A U V I R L O Z V Y D E K X A O R Q U
K Y W V L I K O C B X M A V F T U E N
T B N U I R J S C H W I M M E N K O G
I J P T M N I L S I B B P O D G R C T
K A L G M X S N L G F J F D E C J G F
S J Q Z L D H Q U I C C A R E H R Y K
P N V E D B C C M J S W U S R H L Y A
M P W I K Y G P H A K B S Z L N N G C
P G T T S U K Y C Z L K D B K D Z E V
K U L M N G T E D Z X S A U W D X J N
G M I E E T X X H P Z H U L J D E J S
D M S S N S O T G P D X E P A H O G Y
F I E S E G H N O V X T R C K H P M P
L B A U U J V M D V F P Y E Q Y L I T
E A I N B C G K Q B I D R R Z G X Z I
T N I G I K M T S Q L C Z B A E O N K
W D F L R L G P E E P O Y F A L X K N
Y O R G T B Q C E G M P O Q V J X J N

WETTKAMPFAUSDAUER

PARA SCHWIMMEN

DEHNEN

ZEITMESSUNG

TAKTIK

GUMMIBAND

PULLBUOY

KURZBAHN

UEBUNG

TRIBUENE

Lösung

```
L D V W M T S A T R L O S G W O U Q H
F C C P H I X M O D K F W W E R N Y V
I P Z E S M O M Q Y N M W G O X H W O
L X A B M F X B O N Z Q E H U S A I U
A E H R F Q W U E X J L T E S P B Q E
T R F D A Y B G P C Y O T F Z M Z R B
A U V I R L O Z V Y D E K X A O R Q U
K Y W V L I K O C B X M A V F T U E N
T B N U I R J S C H W I M M E N K O G
I J P T M N I L S I B B P O D G R C T
K A L G M X S N L G F J F D E C J G F
S J Q Z L D H Q U I C C A R E H R Y K
P N V E D B C C M J S W U S R H L Y A
M P W I K Y G P H A K B S Z L N N G C
P G T T S U K Y C Z L K D B K D Z E V
K U L M N G T E D Z X S A U W D X J N
G M I E T X X H P Z H U L J D E J S
D M S S N S O T G P D X E P A H O G Y
F I E S E G H N O V X T R C K H P M P
L B A U U J V M D V F P Y E Q Y L I T
E A I N B C G K Q B I D R R Z G X Z I
T N I G I K M T S Q L C Z B A E O N K
W D F L R L G P E E P O Y F A L X K N
Y O R G T B Q C E G M P O Q V J X J N
```

U F V Y G M S J S F Y Y H A T F A H O
O G U Y R K P B K Q S O E M P C G Q V
R E L H E F R E G N E A F N A O Y F X
Y F O M W G V T O H E S Y U B D X X Y
K D R N J T J N O G Z I G A I S R E J
Q U M E H A U L Y F E E L Q C M A P Y
V Q G J I L S X V E F G Q G S J O Y A
H I F K W S G G Y B K X J K U Q N M B
L N W R J G T E A U Y G F H C J H X V
Z E H L F U S I S D R E A J O D Q K F
Y D N L X D D J L Y G O K P C A S B R
Y B Z U T K Z R T S C D T W R O C T O
X H K X E R D K T U J C Y Z S H N M
Q R W W L T O Q U S K A V K A M W D Z
E O X Z J J K P Q V U F C H V I E X
R L Q T G Y Z W H A S L R F I H M S X
B H Y Z W L Y G Q A Z C R B E K M D B
X C N X N K S R G Y E S O E T L S L V
G N U T L A H R E P R E O K V N P L P
J R X I Q V M Z A T S P U V V G O Y I
G T V L I M U E R N X T C U A R R Y A
G B U R R W W Z B A L I K G K A T N L
I P A K R A U L S C H W I M M E N S N
H J B K Z K X Q G W A B S T I E G V H

7

KRAULSCHWIMMEN

ABSTIEG

TROPHAEE

FREISTILSTAFFEL

KOERPERHALTUNG

ANFAENGERFEHLER

VERLUST

CHLOR

SCHWIMMSPORT

SIEG

Lösung

```
U F V Y G M S J S F Y Y H A T F A H O
O G U Y R K P B K Q S O E M P C G Q V
R E L H E F R E G N E A F N A O Y F X
Y F O M W G V T O H E S Y U B D X X Y
K D R N J T J N O G Z I G A I S R E J
Q U M E H A U L Y F E E L Q C M A P Y
V Q G J I L S X V E F G Q G S J O Y A
H I F K W S G G Y B K X J K U Q N M B
L N W R J G T E A U Y G F H C J H X V
Z E H L F U S I S D R E A J O D Q K F
Y D N L X D D J L Y G O K P C A S B R
Y B Z U T K Z R T S C D T W R O C T O
X H K X E R D K T U T J C Y Z S H N M
Q R W W L T O Q U S K A Y K A M W D Z
E O X Z J J K P Q V U V F C H V I E X
R L Q T G Y Z W H A S L R F I H M S X
B H Y Z W L Y G Q A Z C R B E K M D B
X C N X N K S R G Y E S O E T L S L V
G N U T L A H R E P R E O K V N P L P
J R X I Q V M Z A T S P U V V G O Y I
G T V L I M U E R N X T C U A R R Y A
G B U R R W W Z B A L I K G K A T N L
I P A K R A U L S C H W I M M E N S N
H J B K Z K X Q G W A B S T I E G V H
```

K	U	P	Q	M	Q	D	R	D	D	A	C	Z	K	R	B	I	X	L
Z	Q	U	S	W	W	I	G	F	K	M	A	H	S	U	S	X	J	V
A	F	V	S	Z	X	Q	G	N	A	I	W	R	U	E	C	K	Y	N
C	T	H	E	A	E	W	M	R	P	R	X	S	W	O	L	F	H	Y
S	L	R	Z	R	I	N	K	A	V	T	U	R	S	I	A	Z	Y	G
T	P	N	E	W	L	I	N	O	W	C	L	V	N	E	T	K	E	J
A	E	Q	W	U	E	E	C	A	R	N	V	Z	T	O	J	G	U	L
R	Z	Y	B	R	C	A	T	U	W	Q	B	F	D	C	D	R	G	L
T	V	I	U	Y	V	I	D	Z	M	E	M	E	Q	L	E	F	F	F
E	C	N	T	A	X	E	D	X	U	Y	D	S	A	K	T	N	B	R
R	G	Z	B	S	R	N	P	T	J	N	D	A	O	P	O	Q	H	L
J	U	U	Q	N	D	X	L	H	Y	F	G	M	B	C	Q	U	D	M
I	P	W	O	K	F	R	Y	D	R	R	G	C	N	J	H	C	T	M
X	S	R	A	S	T	Z	L	A	Y	Y	O	E	M	C	G	Y	Q	D
Y	S	Q	L	D	G	Z	G	R	N	J	I	S	M	K	W	Y	B
N	V	T	E	R	J	Z	H	Y	U	H	U	N	G	J	N	X	F	A
J	X	R	Y	U	U	H	G	F	A	W	U	T	K	C	A	B	B	G
S	R	T	E	I	V	T	F	K	G	W	I	E	V	P	Q	W	R	Y
J	Q	T	S	F	H	R	Y	M	K	D	J	Q	P	I	M	L	R	M
D	S	Y	B	K	N	K	D	C	G	C	U	L	G	S	V	L	Z	Z
O	X	S	T	S	Q	R	E	X	C	L	A	R	G	E	N	G	T	V
O	P	B	O	M	T	U	Q	X	C	U	M	B	N	R	R	Z	C	L
U	Q	U	Y	G	L	O	O	F	S	O	F	U	X	S	C	I	W	Q
U	A	H	Z	G	N	K	E	S	T	M	Q	I	X	N	E	J	J	M

VERLETZUNG

APPLAUS

MARKIERUNG

STARTER

BADEWANNE

WGF

RUDERN

GLUECKWUNSCH

SWOLF

REKOM

Lösung

```
K U P Q M Q D R D D A C Z K R B I X L
Z Q U S W W I G F K M A H S U S X J V
A F V S Z X Q G N A I W R U E C K Y N
C T H E A E W M R P R X S W O L F H Y
S L R Z R I N K A V T U R S I A Z Y G
T P N E W L I N O W C L V N E T K E J
A E Q W U E E C A R N V Z T O J G U L
R Z Y B R C A T U W Q B F D C D R G L
T V I U Y V I D Z M E M E Q L E F F F
E C N T A X E D X U Y D S A K T N B R
R G Z B S R N P T J N D A O P O Q H L
J U U Q N D X L H Y F G M B C Q U D M
I P W O K F R Y D R R G C N J H C T M
X S R A S T Z L A Y Y O E M C G Y Q D
Y S Q L D G Z G R N J I Z S M K W Y B
N V T E R J Z H Y U H U N G J N X F A
J X R Y U U H G F A W U T K C A B B G
S R T E I V T F K G W I E V P Q W R Y
J Q T S F H R Y M K D J Q P I M L R M
D S Y B K N K D C G C U L G S V L Z Z
O X S T S Q R E X C L A R G E N G T V
O P B O M T U Q X C U M B N R R Z C L
U Q U Y G L O O F S O F U X S C I W Q
U A H Z G N K E S T M Q I X N E J J M
```

N	P	U	L	L	K	I	C	K	E	I	B	O	R	T	F	V	N	W
V	I	L	Q	G	I	L	E	B	X	T	Q	D	C	Q	Z	O	Z	Y
M	U	J	B	F	N	O	F	K	W	H	J	F	I	E	I	C	Q	Y
O	Q	S	C	H	W	I	M	M	E	N	W	B	A	T	S	P	Z	R
B	Y	N	B	F	G	R	R	N	I	E	G	L	A	C	B	U	A	H
O	W	A	E	H	D	A	L	X	T	X	B	K	H	I	B	W	I	P
R	T	B	N	G	D	E	W	T	Z	Z	I	W	Z	C	O	T	S	N
E	N	U	P	F	I	B	K	D	U	F	I	R	S	Q	K	C	C	L
U	F	Z	T	X	O	A	I	R	I	M	S	O	M	B	C	Q	E	Z
A	L	S	L	I	M	V	E	L	M	J	C	R	D	G	K	M	S	M
D	F	S	C	P	T	N	A	B	Z	M	T	D	M	F	M	P	B	E
M	C	J	F	R	I	U	R	E	G	R	G	M	C	J	S	T	L	Q
M	Z	L	K	A	Q	I	Z	M	Y	Z	O	R	J	P	L	H	C	L
I	P	Y	R	S	L	K	Y	C	K	U	J	B	W	S	E	C	D	N
W	Q	T	I	L	U	W	R	N	W	F	N	W	E	P	A	I	U	H
H	L	D	E	U	W	F	B	A	Q	E	E	O	M	A	Z	W	V	Y
C	F	G	L	A	Q	L	J	A	F	T	Q	Q	A	O	E	E	B	Q
S	U	V	Q	N	D	H	K	G	I	T	W	D	F	C	Q	G	O	A
Q	R	N	D	R	B	S	B	Y	K	W	K	F	Z	R	P	H	O	E
J	Y	Q	J	G	X	N	B	C	Q	O	N	N	S	R	C	D	T	T
W	D	J	J	B	Q	I	Q	V	G	B	V	M	J	M	T	I	R	P
Y	B	G	D	O	H	D	K	K	U	L	Q	X	E	N	M	E	Z	C
C	T	R	K	D	T	J	J	Y	C	P	R	K	L	Q	B	L	R	I
M	E	T	O	U	T	F	I	T	H	C	I	Y	B	A	Z	G	M	W

SCHWIMMDAUER   SCHWIMMEN

PULLKICK   TRAINER

GLEICHGEWICHT   SCHWIMMBRILLE

DISQUALIFIKATION   KRAFT

WETTKAMPF   OUTFIT

Lösung

```
N P U L L K I C K E I B O R T F V N W
V I L Q G I L E B X T Q D C Q Z O Z Y
M U J B F N O F K W H J F I E I C Q Y
O Q S C H W I M M E N W B A T S P Z R
B Y N B F G R R N I E G L A C B U A H
O W A E H D A L X T X B K H I B W I P
R T B N G D E W T Z Z I W Z C O T S N
E N U P F I B K D U F I R S Q K C C L
U F Z T X O A I R I M S O M B C Q E Z
A L S L I M V E L M J C R D G K M S M
D F S C P T N A B Z M T D M F M P B E
M C J F R I U R E G R G M C J S T L Q
M Z L K A Q I Z M Y Z O R J P L H C L
I P Y R S L K Y C K U J B W S E C D N
W Q T I L U W R N W F N W E P A I U H
H L D E U W F B A Q E E O M A Z W V Y
C F G L A Q L J A F T Q Q A O E E B Q
S U V Q N D H K G I T W D F C Q G O A
Q R N D R B S B Y K W K F Z R P H O E
J Y Q J G X N N B C Q O N N S R C D T
W D J J B Q I Q V G B V M J M T I R P
Y B G D O H D K K U L Q X E N M E Z C
C T R K D T J J Y C P R K L Q B L R I
M E T O U T F I T H C I Y B A Z G M W
```

Z G S J Q V E R W G T W M I Q I W O K
Z A N C A D R E N A L I N N Z X M B B
Y X M U Y A V S C P O W C O J V G U F
K W K U T I H S S L F X E I D Z Z Z X
Q K Z X S S B G B V Z T H T D L B H F
S B F Y J H A M J J K F C A L B R U L
S C X Q H E F L W B T S E N G A O L U
A L T H P T S R E E I W A I T J Q J G
F U L S L W C L O B H O L D A P Q G Q
F A M E X R H A X D B W F R P X C B W
F R B C F P E Q A U V P R O I E L K O
A K E A W Y I O J Y U W E O X Y B R Q
Z L I G J W B Y T J E M B K R C E R T
Z L N M W E E P A T X V O J G Y W Z K
Y A A U O L N W E N D E R B A I Z Z P
A B R S D T W I E D J R E M G O K W Y
Q R B U F K I H E L X W S E I U Y G M
S E E M N L S Y V O E G S Q L I Q E I
U S I E O A C G V F G D A O M M I N O
A S T B L S H D A Z L V W M C R E H E
L A B Z F S E G H T L I D M M Y J A A
X W L I G E R O M A X B C G M Z Q R H
Q A E L X S C R E S S I N B E G R E X
D B T T H F V G Y B Y J T R K C S N G

10

ADRENALIN

WASSERBALLKRAUL

BELASTUNG

BEINARBEIT

WELTKLASSE

ERGEBNISSE

KOORDINATION

SCHEIBENWISCHER

WENDE

WASSEROBERFLAECHE

Lösung

```
Z  G  S  J  Q  V  E  R  W  G  T  W  M  I  Q  I  W  O  K
Z  A  N  C  A  D  R  E  N  A  L  I  N  N  Z  X  M  B  B
Y  X  M  U  Y  A  V  S  C  P  O  W  C  O  J  V  G  U  F
K  W  K  U  T  I  H  S  S  L  F  X  E  I  D  Z  Z  Z  X
Q  K  Z  X  S  S  B  G  B  V  Z  T  H  T  D  L  B  H  X
S  B  F  Y  J  H  A  M  J  J  K  F  C  A  L  B  R  U  L
S  C  X  Q  H  E  F  L  W  B  T  S  E  N  G  A  O  L  U
A  L  T  H  P  T  S  R  E  E  I  W  A  I  T  J  Q  J  G
F  U  L  S  L  W  C  L  O  B  H  O  L  D  A  P  Q  G  Q
F  A  M  E  X  R  H  A  X  D  B  W  F  R  P  X  C  B  W
F  R  B  C  F  P  E  Q  A  U  V  P  R  O  I  E  L  K  O
A  K  E  A  W  Y  I  O  N  Z  Y  U  W  E  O  X  B  R  Q
Z  L  I  G  J  W  B  Y  T  J  E  M  B  K  R  C  E  R  T
Z  L  N  M  W  E  E  P  A  T  X  V  O  J  G  Y  W  Z  K
Y  A  A  U  O  L  N  W  E  N  D  E  R  B  A  I  Z  Z  P
A  B  R  S  D  T  W  I  E  D  J  R  E  M  G  O  K  W  Y
Q  R  B  U  F  K  I  H  E  L  X  W  S  E  I  U  Y  G  M
S  E  E  M  N  L  S  Y  V  O  E  G  S  Q  L  I  Q  E  I
U  S  I  E  O  A  C  G  V  F  G  D  A  O  M  M  I  N  O
A  S  T  B  L  S  H  D  A  Z  L  V  W  M  C  R  E  H  E
L  A  B  Z  F  S  E  G  H  T  L  I  D  M  M  Y  J  A  A
X  W  L  I  G  E  R  O  M  A  X  B  C  G  M  Z  Q  R  H
Q  A  E  L  X  S  C  R  E  S  S  I  N  B  E  G  R  E  X
D  B  T  T  H  F  V  G  Y  B  Y  J  T  R  K  C  S  N  G
```

I	R	I	L	O	B	E	S	P	E	G	X	O	M	N	O	Z	P	Y
F	L	U	E	W	G	S	X	S	W	O	Y	Y	O	V	B	A	P	E
A	C	G	W	T	V	S	S	Q	H	R	S	M	K	J	M	N	A	Y
U	U	E	N	E	V	Q	Y	Z	S	Z	W	W	N	Q	V	U	O	X
F	X	N	N	T	K	K	J	W	D	U	T	S	A	A	F	O	D	V
S	F	Z	I	V	U	E	V	Q	T	W	V	M	T	S	A	Q	N
T	F	O	M	G	S	X	U	S	A	T	D	J	R	J	B	T	K	X
I	N	A	R	R	B	E	P	X	O	Q	U	I	H	B	F	L	I	R
E	H	I	N	O	B	N	C	X	X	K	E	Q	R	G	T	D	K	K
G	X	P	Y	U	Z	C	D	F	I	B	Q	U	S	V	L	X	I	T
B	D	L	N	A	N	E	R	A	S	V	C	I	G	G	P	I	Y	B
F	N	G	D	F	S	F	C	K	T	H	G	U	J	B	E	U	A	L
O	E	Q	B	E	U	H	O	I	W	P	I	J	B	Z	X	M	Q	O
N	M	R	X	R	G	E	U	Z	N	S	S	O	V	U	R	X	H	C
Z	V	T	P	V	R	S	P	U	T	T	F	Y	B	H	N	Q	B	K
X	G	B	A	P	G	V	V	W	B	I	F	C	W	R	A	V	O	M
J	R	O	E	A	K	D	O	U	N	V	O	Z	K	A	B	I	O	N
E	E	R	R	G	Q	Z	J	G	G	Z	F	Z	M	B	E	D	E	A
T	J	D	S	A	E	H	M	T	R	I	T	G	V	W	Z	S	S	N
Y	Q	I	U	C	J	T	Z	I	V	A	H	Q	I	J	G	G	E	W
G	I	T	E	G	A	L	M	M	I	W	H	C	S	N	Y	K	K	L
T	Y	J	H	E	V	M	V	B	C	O	I	K	N	E	K	C	H	A
G	A	L	H	C	S	L	E	S	H	C	E	W	D	Z	V	M	C	P
E	S	P	B	C	C	U	G	R	X	D	J	K	Y	Y	V	L	G	S

11

- ABBRUCH
- ARENA
- AUFTRIEBSKOERPER
- UEBUNGEN
- WECHSELSCHLAG
- SCHWIMMLAGE
- DRAGSUIT
- GYMNASTIK
- VOM BLOCK
- AUFSTIEG

Lösung

I	R	I	L	O	B	E	S	P	E	G	X	O	M	N	O	Z	P	Y
F	L	U	E	W	G	S	X	S	W	O	Y	Y	O	V	B	A	P	E
A	C	G	W	T	V	S	S	Q	H	R	S	M	K	J	M	N	A	Y
U	U	E	N	E	V	Q	Y	Z	S	Z	W	N	Q	V	U	O	X	
F	X	N	N	T	K	K	J	W	D	U	T	S	A	A	F	O	D	V
S	F	Z	I	V	U	E	V	Q	T	W	V	V	M	T	S	A	Q	N
T	F	O	M	G	S	X	U	S	A	T	D	J	R	J	B	T	K	X
I	N	A	R	R	B	E	P	X	O	Q	U	I	H	B	F	L	I	R
E	H	I	N	O	B	N	C	X	X	K	E	Q	R	G	T	D	K	K
G	X	P	Y	U	Z	C	D	F	I	B	Q	U	S	V	L	X	I	T
B	D	L	N	A	N	E	R	A	S	V	C	I	G	G	P	I	Y	B
F	N	G	D	F	S	F	C	K	T	H	G	U	J	B	E	U	A	L
O	E	Q	B	E	U	H	O	I	W	P	I	J	E	P	X	M	Q	O
N	M	R	X	R	G	E	U	Z	N	S	S	O	V	U	R	X	H	C
Z	V	T	P	V	R	S	P	U	T	T	F	Y	B	H	N	Q	B	K
X	G	B	A	P	G	V	V	W	B	I	F	C	W	R	A	V	O	M
J	R	O	E	A	K	D	O	U	N	V	O	Z	K	A	B	I	O	N
E	E	R	R	G	Q	Z	J	G	G	Z	F	Z	M	B	E	D	E	A
T	J	D	S	A	E	H	M	T	R	I	T	G	V	W	Z	S	S	N
Y	Q	I	U	C	J	T	Z	I	V	A	H	Q	I	J	G	G	E	W
G	I	T	E	G	A	L	M	M	I	W	H	C	S	N	Y	K	K	L
T	Y	J	H	E	V	M	V	B	C	O	I	K	N	E	K	C	H	A
G	A	L	H	C	S	L	E	S	H	C	E	W	D	Z	V	M	C	P
E	S	P	B	C	C	U	G	R	X	D	J	K	Y	Y	V	L	G	S

X	M	Z	E	Y	S	W	Y	R	N	P	Z	F	P	V	T	C	B	T
N	E	K	C	E	U	R	O	W	J	G	B	G	Q	T	C	P	D	R
R	B	B	J	R	C	P	K	K	K	E	O	A	E	H	G	W	E	A
W	W	U	N	O	A	A	R	A	I	G	X	F	M	D	F	X	T	M
P	J	B	B	V	H	A	T	F	T	E	S	Q	W	A	G	H	U	M
H	Z	D	A	D	F	A	U	R	X	N	U	W	Q	D	L	E	I	I
C	A	L	T	T	W	U	B	N	E	E	C	E	B	Q	L	S	U	W
C	A	Y	R	N	F	B	J	L	V	R	K	X	S	J	E	U	G	H
T	I	A	X	K	D	A	D	L	G	A	Z	V	G	M	Q	A	J	C
G	U	X	T	H	V	D	D	L	V	N	Z	O	E	X	Y	P	P	S
M	Y	C	U	S	A	K	P	K	W	A	N	K	B	A	T	F	S	N
S	E	R	V	P	C	S	D	T	D	L	R	S	T	Y	A	P	Q	E
N	R	G	I	D	G	E	I	R	Z	Y	Z	R	E	H	S	M	F	B
C	D	T	L	R	G	G	F	A	K	S	C	U	N	Z	V	A	A	E
V	N	Q	S	V	P	K	I	T	H	E	J	E	O	L	Y	K	J	N
A	G	H	N	O	K	R	K	S	Y	U	N	G	O	K	Q	T	S	S
G	A	Z	J	K	R	B	J	X	U	K	V	F	S	G	F	T	M	D
U	P	K	Q	L	R	L	I	D	U	G	G	A	A	H	N	E	W	V
I	K	P	W	Y	W	I	U	K	Q	V	G	U	U	V	U	W	Y	O
Y	X	P	V	V	O	K	W	N	X	T	S	S	J	V	G	K	P	I
N	S	R	C	Z	P	U	C	Z	N	J	O	T	B	Q	U	E	O	P
R	O	I	C	H	R	I	B	S	S	A	V	P	Y	S	X	G	G	I
U	Z	F	W	S	T	A	F	F	E	L	W	E	C	H	S	E	L	B
E	T	N	R	R	G	C	F	E	X	O	L	O	D	F	P	D	L	U

12

- ANTIPADDLE
- GEGENERANALYSE
- FAUST
- FAHNEN
- NEBENSCHWIMMART
- WETTKAMPFPAUSE
- KRAFTRAUM
- START
- RUECKEN
- STAFFELWECHSEL

Lösung

```
X  M  Z  E  Y  S  W  Y  R  N  P  Z  F  P  V  T  C  B  T
N  E  K  C  E  U  R  O  W  J  G  B  G  Q  T  C  P  D  R
R  B  B  J  R  C  P  K  K  E  O  A  E  H  G  W  E  A  A
W  W  U  N  O  A  A  R  A  I  G  X  F  M  D  F  X  T  M
P  J  B  B  V  H  A  T  F  T  E  S  Q  W  A  G  H  U  M
H  Z  D  A  D  F  A  U  R  X  N  U  W  Q  D  L  E  I  I
C  A  L  T  T  W  U  B  N  E  E  C  E  B  Q  L  S  U  W
C  A  Y  R  N  F  B  J  L  V  R  K  X  S  J  E  U  G  H
T  I  A  X  K  D  A  D  L  G  A  Z  V  G  M  Q  A  J  C
G  U  X  T  H  V  D  D  L  V  N  Z  O  E  X  Y  P  P  S
M  Y  C  U  S  A  K  P  K  W  A  N  K  B  A  T  F  S  N
S  E  R  V  P  C  S  D  T  D  L  R  S  T  Y  A  P  Q  E
N  R  G  I  D  G  E  I  R  Z  Y  Z  R  E  H  S  M  F  B
C  D  T  L  R  G  G  F  A  K  S  C  U  N  Z  V  A  A  E
V  N  Q  S  V  P  K  I  T  H  E  J  E  O  L  Y  K  J  N
A  G  H  N  O  K  R  K  S  Y  U  N  G  O  K  Q  T  S  S
G  A  Z  J  K  R  B  J  X  U  K  V  F  S  G  F  T  M  D
U  P  K  Q  L  R  L  I  D  U  G  G  A  A  H  N  E  W  V
I  K  P  W  W  I  U  K  Q  V  G  U  U  V  U  W  Y  O
Y  X  P  V  O  K  W  N  X  T  S  J  V  G  K  P  I
N  S  R  C  Z  P  U  C  Z  N  J  O  T  B  Q  U  E  O  P
R  O  I  C  H  R  I  B  S  S  A  V  P  Y  S  X  G  G  I
U  Z  F  W  S  T  A  F  F  E  L  W  E  C  H  S  E  L  B
E  T  N  R  R  G  C  F  E  X  O  L  O  D  F  P  D  L  U
```

L	P	V	C	W	C	S	V	E	B	G	K	C	L	V	Y	Q	A	Y
U	X	D	P	Y	Z	L	G	B	V	E	W	F	N	Z	E	M	E	Z
A	Y	R	Y	P	C	L	M	P	P	T	J	Z	U	Q	M	D	F	Z
R	E	B	M	Z	S	Y	J	R	U	N	D	E	N	D	A	U	E	R
K	Z	D	Z	X	S	V	J	F	L	J	J	P	M	O	C	Q	N	B
R	K	S	L	N	P	L	T	A	U	M	Q	S	J	P	I	R	C	R
E	B	S	N	Q	O	I	D	W	J	F	D	P	V	U	N	O	B	O
S	J	L	S	P	V	O	V	P	M	O	M	J	X	R	S	L	O	P
S	R	R	I	Z	X	T	O	Z	T	A	X	W	U	X	F	S	F	R
A	Z	V	E	E	X	Y	B	H	D	C	I	B	P	R	P	G	N	W
W	U	G	G	A	Q	W	E	L	T	M	E	I	S	T	E	R	C	I
R	N	I	E	C	Z	Q	J	V	V	D	Y	G	P	D	D	Z	A	L
E	Z	R	R	O	M	N	N	S	K	S	M	P	O	S	C	R	T	I
T	R	L	E	S	D	G	A	J	L	O	H	F	U	A	L	Z	C	C
N	S	G	H	Z	I	A	V	M	J	U	J	U	K	P	A	W	H	B
U	A	D	R	Q	O	H	G	E	C	F	O	N	G	C	O	P	J	V
A	U	W	U	F	I	A	Q	V	R	B	X	G	J	H	R	C	K	J
B	G	U	N	U	D	S	A	V	Q	L	I	T	S	I	E	R	F	Y
E	L	R	G	H	S	T	A	F	F	E	L	K	Y	H	L	Q	I	W
G	L	Z	C	U	Z	Z	A	H	L	J	C	Z	S	H	U	H	Z	S
Z	O	T	N	E	M	E	G	N	I	P	M	I	D	J	R	H	R	I
B	T	F	P	J	B	G	R	F	U	V	Z	Y	M	N	D	R	Z	L
L	D	O	V	W	E	T	T	K	A	M	P	F	S	T	A	R	T	I
O	Z	D	X	S	B	G	U	J	E	O	P	M	B	F	M	B	U	R

13

SIEGEREHRUNG

RUNDENDAUER

UNTERWASSERKRAUL

IMPINGEMENT

CATCH

AUFHOLJAGD

WELTMEISTER

STAFFEL

FREISTIL

WETTKAMPFSTART

Lösung

F Q W S X Z A F H I E E C S O M W X M
O U R E J U E I K V S J A G R S O B R
Y Y M Q Y H U D X M E O H S J K S H L
N V H I L P K A H O H M I K Q I V W X
I H T E Q R T D C Q N P L V E J Z E I
M K R D R B B P K E S S U G L B U N W
R D I V X W I M G A X Y E I P J W D A
E R N W A J Y Y J G M S V S K V Z E K
N E Y J A Q L F T H W D X C W F A S A
V E X S H W C D T I Y V G H U O F P T
N R N J G Z Z W L D E P I W T S J R V
B D P A O R P L M A P C T I R T R I W
A R R E C S E Q F P P K J M F J E N R
M H B U M R T E Y P R A E M I E F T E
D R Z T T E M H C S J Q I A O F U S R
I H C R U J L E L O C U A U K B E H E
I L I Y X Q Q S Q A Y O A S J H A J I
E H I Q E I G E T A R T S B W A L N L
J N A N Q S N Y N C T P V I O A R N R
M L R C F S X Z G W N U F L Z P E Z E
J H M Z R U R P H V Y B T D T Z S R V
T H J E K M H V P X N P C U V V S A G
W R I G G E N E H F E O D N N G A O Q
N Y Q X T I X X G I Y B D G J E W G J

14

WRIGGEN

SCHWIMMAUSBILDUNG

SIEGESWILLE

SCHMETT

VERLIERER

WASSERLAEUFER

FEHLER

WENDESPRINTS

STRATEGIE

PRAEMIE

Lösung

```
F  Q  W  S  X  Z  A  F  H  I  E  E  C  S  O  M  W  X  M
O  U  R  E  J  U  E  I  K  V  S  J  A  G  R  S  O  B  R
Y  Y  M  Q  Y  H  U  D  X  M  E  O  H  S  J  K  S  H  L
N  V  H  I  L  P  K  A  H  O  H  M  I  K  Q  I  V  W  X
I  H  T  E  Q  R  T  D  C  Q  N  P  L  V  E  J  Z  E  I
M  K  R  D  R  B  B  P  K  E  S  S  U  G  L  B  U  N  W
R  D  I  V  X  W  I  M  G  A  X  Y  E  I  P  J  W  D  A
E  R  N  W  A  J  Y  Y  J  G  M  S  V  S  K  V  Z  E  K
N  E  Y  J  A  Q  L  F  T  H  W  D  X  C  W  F  A  S  A
V  E  X  S  H  W  C  D  T  I  Y  V  G  H  U  O  F  P  T
N  R  N  J  G  Z  Z  W  L  D  E  P  I  W  T  S  J  R  V
B  D  P  A  O  R  P  L  M  A  P  C  T  I  R  T  R  I  W
A  R  R  E  C  S  E  Q  F  P  P  K  J  M  F  J  E  N  R
M  H  B  U  M  R  T  E  Y  P  R  A  E  M  I  E  F  T  E
D  R  Z  T  T  E  M  H  C  S  J  Q  I  A  O  F  U  S  R
I  H  C  R  U  J  L  E  L  O  C  U  A  U  K  B  E  H  E
I  L  I  Y  X  Q  Q  S  Q  A  Y  O  A  S  J  H  A  J  I
E  H  I  Q  E  I  G  E  T  A  R  T  S  B  W  A  L  N  L
J  N  A  N  Q  S  N  Y  N  C  T  P  V  I  O  A  R  N  R
M  L  R  C  F  S  X  Z  G  W  N  U  F  L  Z  P  E  Z  E
J  H  M  Z  R  U  R  P  H  V  Y  B  T  D  T  Z  S  R  V
T  H  J  E  K  M  H  V  P  X  N  P  C  U  V  V  S  A  G
W  R  I  G  G  E  N  E  H  F  E  O  D  N  N  G  A  O  Q
N  Y  Q  X  T  I  X  X  G  I  Y  B  D  G  J  E  W  G  J
```

X	E	B	V	W	U	I	S	T	M	A	S	M	X	A	Y	M	R	C
J	K	Y	Q	P	D	M	W	R	C	G	M	D	R	Z	Z	Z	Z	X	L
F	J	H	S	E	V	S	E	Y	A	P	O	I	U	N	E	K	Q	D
J	Z	M	Z	U	E	K	W	Y	G	S	G	S	R	I	F	C	F	O
F	K	E	I	N	O	M	Z	A	H	C	C	J	S	X	A	E	Y	J
E	V	S	S	R	A	S	W	O	A	H	N	O	E	E	R	N	X	K
H	B	Q	D	S	S	N	Q	Z	A	F	K	E	I	Z	T	B	G	T
K	U	E	J	Y	B	F	N	U	O	S	I	N	D	B	S	G	B	R
O	B	T	X	X	B	L	E	O	W	X	T	X	P	E	A	O	G	X
P	F	L	Z	Z	E	R	M	Q	I	A	Z	L	L	C	S	U	D	Q
F	T	Q	S	Q	P	L	R	W	U	T	A	O	F	T	O	G	O	P
S	J	K	S	R	J	H	C	C	M	E	A	L	Y	C	B	U	H	Y
P	I	B	E	E	N	M	H	L	T	Q	F	V	C	I	K	T	W	O
R	L	X	G	M	N	E	V	Z	Y	K	H	P	I	T	M	K	M	M
U	H	B	N	K	N	Y	E	H	O	H	C	N	U	T	F	L	Z	R
N	Q	J	D	E	S	M	Y	U	F	R	D	L	A	C	O	R	I	K
G	U	Q	N	T	Z	N	G	W	A	R	M	D	O	W	N	M	T	P
L	B	K	O	T	S	J	X	C	K	N	B	B	V	Z	S	P	Y	X
O	V	H	K	V	H	W	V	E	J	F	C	S	G	P	B	K	R	L
N	P	Y	C	P	B	D	W	F	J	Y	O	A	R	M	O	K	N	Y
H	S	J	T	S	P	F	U	K	M	B	M	H	O	P	S	K	F	J
A	J	I	P	Y	L	A	G	E	W	I	N	N	E	R	S	J	L	H
Y	G	U	N	Z	N	R	W	F	T	H	B	L	A	W	J	Z	P	T
G	E	S	U	N	D	H	E	I	T	V	Y	X	P	D	E	I	E	X

15

EINTAUCHEN

AUF DIE PLAETZE

MOTIVATION

ZUSCHAUER

GESUNDHEIT

STRAFE

WARMDOWN

REKORDE

KOPFSPRUNG

GEWINNER

Lösung

```
X E B V W U I S T M A S M X A Y M R C
J K Y Q P D M W R C G M D R Z Z Z X L
F J H S E V S E Y A P O I U N E K Q D
J Z M Z U E K W Y G S G S R I F C F O
F K E I N O M Z A H C C J S X A E Y J
E V S S R A S W O A H N O E E R N X K
H B Q D S S N Q Z A F K E I Z T B G T
K U E J Y B F N U O S I N D B S G B R
O B T X X B L E O W X T X P E A O G X
P F L Z Z E R M Q I A Z L L C S U D Q
F T Q S Q P L R W U T A O F T O G O P
S J K S R J H C C M E A L Y C B U H Y
P I B E E N M H L T Q F V C I K T W O
R L X G M N E V Z Y K H P I T M E M M
U H B N K N Y E H O H C N U T F L Z R
N Q J D E S M Y U F R D L A C O R I K
G U Q N T Z N G W A R M D O W N M T P
L B K O T S J X C K N B B V Z S P Y X
O V H K V H W V E J F C S G P B K R L
N P Y C P B D W F J Y O A R M O K N Y
H S J T S P F U K M B M H O P S K F J
A J I P Y L A G E W I N N E R S J L H
Y G U Z N R W F T H B L A W J Z P T
G E S U N D H E I T V Y X P D E I E X
```

O	C	S	V	R	P	I	X	U	K	M	T	N	A	W	H	O	O	N
W	V	C	Y	S	C	H	W	I	M	M	P	L	A	N	I	F	Z	E
P	A	D	D	L	E	V	K	P	S	O	H	N	S	S	Z	V	H	P
R	P	A	I	H	S	R	E	Q	H	A	A	S	H	V	A	L	B	T
F	B	M	Z	O	J	N	G	L	R	Y	T	V	Q	Y	Z	A	B	O
W	X	Q	L	A	C	X	W	S	H	A	J	X	P	H	X	I	C	R
C	K	D	L	I	U	U	O	U	D	E	D	O	A	K	C	I	S	M
E	H	T	L	S	J	O	C	I	V	R	K	U	V	P	N	G	G	G
R	T	M	D	P	Q	C	O	E	L	Q	P	A	N	T	O	R	I	T
Y	C	L	O	C	O	N	O	I	J	T	N	U	E	H	Q	T	M	F
A	H	X	J	F	R	G	W	T	S	D	C	R	S	G	S	N	X	W
M	F	H	D	D	I	I	O	C	N	E	V	O	E	M	Q	E	N	H
J	V	E	V	X	B	V	H	A	L	A	M	W	P	W	D	G	N	O
O	D	I	K	S	P	W	R	A	L	D	I	U	D	S	R	A	W	J
N	T	N	O	L	I	N	D	L	R	N	C	T	J	X	P	L	F	U
R	Q	Y	W	M	E	X	M	J	N	G	M	H	D	U	X	I	R	C
D	L	S	M	K	W	E	E	P	F	R	T	J	H	Q	Y	N	Q	H
B	P	A	C	U	T	A	B	L	E	O	Q	C	H	I	T	I	B	B
M	R	E	G	H	Q	V	U	O	N	U	T	Z	W	H	O	M	W	Y
T	B	P	O	G	M	V	H	M	U	A	Q	E	M	I	T	O	N	D
C	E	D	P	Z	S	W	I	J	C	Q	S	P	U	C	B	O	D	F
Q	E	R	O	L	C	D	E	V	A	Q	B	T	Y	D	V	R	N	Y
S	P	K	F	K	B	Q	B	C	A	Z	C	X	N	H	Y	N	D	Z
G	O	R	O	K	X	B	I	W	X	H	Y	O	E	O	A	G	K	A

16

PADDLE

GEWINN

MINILAGEN

INTERVALLMETHODE

HAUPTSCHWIMMART

CATCHUP

BECKENRAND

STADION

NOTIME

SCHWIMMPLAN

Lösung

```
O C S V R P I X U K M T N A W H O O N
W V C Y S C H W I M M P L A N I F Z E
P A D D L E V K P S O H N S S Z V H P
R P A I H S R E Q H A A S H V A L B T
F B M Z O J N G L R Y T V Q Y Z A B O
W X Q L A C X W S H A J X P H X I C R
C K D L I U U O U D E D O A K C I S M
E H T L S J O C I V R K U V P N G G G
R T M D P Q C O E L Q P A N T O R I T
Y C L O C O N O I J T N U E H Q T M F
A H X J F R G W T S D C R S G S N X W
M F H D D I I O C N E V O E M Q E N H
J V E V X B V H A L A M W P W D G N O
O D I K S P W R A L D I U D S R A W J
N T N O L I N D L R N C T J X P L F U
R Q Y W M E X M J N G M H D U X I R C
D L S M K W E E P F R T J H Q Y N Q H
B P A C U T A B L E O Q C H I T I B B
M R E G H Q V U O N U T Z W H O M W Y
T B P O G M V H M U A Q E M I T O N D
C E D P Z S W I J C Q S P U C B O D F
Q E R O L C D E V A Q B T Y D V R N Y
S P K F K B Q B C A Z C X N H Y N D Z
G O R O K X B I W X H Y O E O A G K A
```

J D L Z W I V J N I E D E R L A G E Y
H W A S S E R F A S S E N A M R D U K
X G I G N H O I C E S D X B V Q A W L
Y L D I Y M W U T P U B W C Z L W N Q
D O N R O C A L J F R D T R R O W Y H
F L M C P M P N L Y V D P D V N M L K
I T T D J P H X E Z U W Y Q N V K U C
V E Z O L H Z S Y T O F E Q P X K H O
L K S R S N L N B Y A F K I H G L V L
Y K K T L O C Z P W Q D N B N F O B B
I A V J E I M S Z J H H M I S L D Z T
Z P G I H C A J G H B D N M S K X R R
J N H W U R H T N E Q I H C I K W R A
R K K M L Y S N E W A Y H N U W W R T
G G Q Z E J Q D I R W W D N W Y H Q S
O W S A Q G N I T K I E G J V E F C D
B E O B B Y B S O M T U I A L L A D S
R F P P F S S R M P M R O V Y F F T A
K C H F P E C B R Z X M A K R P I B T
V D A W N I E H K W K S W I N E G S Q
P O S T B C R B L S L H N T N A T A T
A Q I G K T K C O A A S X O N I F N E
K F R E Q W T E K R G U G G S O N R I
M K N K Z O J S U M D K L U J P O G C

Lösung

```
J  D  L  Z  W  I  V  J  N  I  E  D  E  R  L  A  G  E  Y
H  W  A  S  S  E  R  F  A  S  S  E  N  A  M  R  D  U  K
X  G  I  G  N  H  O  I  C  E  S  D  X  B  V  Q  A  W  L
Y  L  D  I  Y  M  W  U  T  P  U  B  W  C  Z  L  W  N  Q
D  O  N  R  O  C  A  L  J  F  R  D  T  R  R  O  W  Y  H
F  L  M  C  P  M  P  N  L  Y  V  D  P  D  V  N  M  L  K
I  T  T  D  J  P  H  X  E  Z  U  W  Y  Q  N  V  K  U  C
V  E  Z  O  L  H  Z  S  Y  T  O  F  E  Q  P  X  K  H  O
L  K  S  R  S  N  L  N  B  Y  A  F  K  I  H  G  L  V  L
Y  K  K  T  L  O  C  Z  P  W  Q  D  N  B  N  F  O  B  B
I  A  V  J  E  I  M  S  Z  J  H  H  M  I  S  L  D  Z  T
Z  P  G  I  H  C  A  J  G  H  B  D  N  M  S  K  X  R  R
J  N  H  W  U  R  H  T  N  E  Q  I  H  C  I  K  W  R  A
R  K  K  M  L  Y  S  N  E  W  A  Y  H  N  U  W  W  R  T
G  G  Q  Z  E  J  Q  D  I  R  W  W  D  N  W  Y  H  Q  S
O  W  S  A  Q  G  N  I  T  K  I  E  G  J  V  E  F  C  D
B  E  O  B  B  Y  B  S  O  M  T  U  I  A  L  L  A  D  S
R  F  P  P  F  S  S  R  M  P  M  R  O  V  Y  F  F  T  A
K  C  H  F  P  E  C  B  R  Z  X  M  A  K  R  P  I  B  T
V  D  A  W  N  I  E  H  K  W  K  S  W  I  N  E  G  S  Q
P  O  S  T  B  C  R  B  L  S  L  H  N  T  N  A  T  A  T
A  Q  I  G  K  T  K  C  O  A  S  X  O  N  I  F  N  E
K  F  R  E  Q  W  T  E  K  R  G  U  G  G  S  O  N  R  I
M  K  N  K  Z  O  J  S  U  M  D  K  L  U  J  P  O  G  C
```

D	U	O	Q	M	I	P	H	Y	P	W	N	G	H	P	G	G	C	F
T	A	L	E	L	D	Y	F	L	U	Z	T	F	X	H	J	Q	L	W
D	V	Y	E	D	J	C	T	B	Z	S	A	P	R	X	N	Q	I	U
O	E	Z	Y	X	L	M	Z	K	K	O	H	P	Z	V	O	W	Z	R
T	H	N	Z	R	N	J	J	I	F	N	L	N	Y	C	X	K	M	Y
C	O	A	C	K	E	V	S	G	F	O	J	C	T	K	E	Q	R	I
D	R	T	L	G	Q	Y	M	U	R	E	P	P	E	O	K	Q	E	E
Q	A	S	P	Q	I	Q	M	K	L	O	C	A	N	Z	A	R	C	M
U	W	I	B	Q	E	I	R	L	W	K	E	U	K	E	D	G	I	O
Y	T	D	U	L	C	B	D	Z	D	J	Y	I	U	L	G	A	U	O
M	K	W	K	G	M	L	C	C	N	L	N	Z	X	A	O	A	K	O
X	X	G	R	S	Y	A	S	F	Q	H	E	H	M	O	T	Q	L	G
P	E	D	N	E	W	L	L	O	R	I	X	G	A	R	P	J	S	K
K	M	A	V	K	G	C	U	H	I	N	P	N	S	B	A	Y	P	M
B	W	R	X	F	M	U	G	Y	F	K	H	I	E	I	G	R	H	S
O	T	N	Q	B	A	E	D	Z	U	L	B	A	X	H	E	N	Z	Z
M	R	X	U	I	U	N	O	Z	U	M	N	G	O	E	C	R	A	N
B	D	M	B	X	O	J	S	Q	S	X	A	O	Q	J	K	U	P	L
T	R	F	H	V	M	L	Z	I	K	C	V	G	B	L	V	V	A	G
I	K	H	Z	K	W	F	D	V	Y	W	E	C	N	G	M	M	U	T
K	A	V	B	G	U	A	T	S	Q	M	Y	Z	X	W	J	D	N	M
P	L	H	X	E	A	Q	Q	I	R	Q	S	N	O	Q	X	V	M	D
N	N	N	W	X	Y	H	I	B	X	H	P	U	O	H	T	I	K	O
W	P	L	F	U	J	O	B	O	A	S	P	X	E	F	W	E	I	R

LANGBAHN

TAUCHEN

ROLLWENDE

DISTANZ

PREISGELD

LAGEN

HYPOXIE

ARMZYKLUS

FANS

KOEPPER

Lösung

D	U	O	Q	M	I	P	H	Y	P	W	N	G	H	P	G	G	C	F
T	A	L	E	L	D	Y	F	L	U	Z	T	F	X	H	J	Q	L	W
D	V	Y	E	D	J	C	T	B	Z	S	A	P	R	X	N	Q	I	U
O	E	Z	Y	X	L	M	Z	K	K	O	H	P	Z	V	O	W	Z	R
T	H	N	Z	R	N	J	J	I	F	N	L	N	Y	C	X	K	M	Y
C	O	A	C	K	E	V	S	G	F	O	J	C	T	K	E	Q	R	I
D	R	T	L	G	Q	Y	M	U	R	E	P	P	E	O	K	Q	E	E
Q	A	S	P	Q	I	Q	M	K	L	O	C	A	N	Z	A	R	C	M
U	W	I	B	Q	E	I	R	L	W	K	E	U	K	E	D	G	I	O
Y	T	D	U	L	C	B	D	Z	D	J	Y	I	U	L	G	A	U	O
M	K	W	K	G	M	L	C	C	N	L	N	Z	X	A	O	A	K	O
X	X	G	R	S	Y	A	S	F	Q	H	E	H	M	O	T	Q	L	G
P	E	D	N	E	W	L	L	O	R	I	X	G	A	R	P	J	S	K
K	M	A	V	K	G	C	U	H	I	N	P	N	S	B	A	Y	P	M
B	W	R	X	F	M	U	G	Y	F	K	H	I	E	I	G	R	H	S
O	T	N	Q	B	A	E	D	Z	U	L	B	A	X	H	E	N	Z	Z
M	R	X	U	I	U	N	O	Z	U	M	N	G	O	E	C	R	A	N
B	D	M	B	X	O	J	S	Q	S	X	A	O	Q	J	K	U	P	L
T	R	F	H	V	M	L	Z	I	K	C	V	G	B	L	V	V	A	G
I	K	H	Z	K	W	F	D	V	Y	W	E	C	N	G	M	M	U	T
K	A	V	B	G	U	A	T	S	Q	M	Y	Z	X	W	J	D	N	M
P	L	H	X	E	A	Q	Q	I	R	Q	S	N	O	Q	X	V	M	D
N	N	N	W	X	Y	H	I	B	X	H	P	U	O	H	T	I	K	O
W	P	L	F	U	J	O	B	O	A	S	P	X	E	F	W	E	I	R